Krieg gegen die Helvetier

Caesar, *De bello Gallico* 1, 2–30

Lektüreprojekt für den binnendifferenzierten Unterricht

bearbeitet von Ulrich Tipp

C.C. BUCHNERS VERLAG • BAMBERG

Krieg gegen die Helvetier

Caesar, *De bello Gallico* 1, 2–30

Lektüreprojekt für den binnendifferenzierten Unterricht

bearbeitet von Ulrich Tipp

1. Auflage 1 4 3 2 2017 15 13
Die letzte Zahl bedeutet das Jahr dieses Druckes.
Alle Drucke dieser Auflage sind, weil untereinander unverändert, nebeneinander benutzbar.

Dieses Werk folgt der reformierten Rechtschreibung und Zeichensetzung. Ausnahmen bilden Texte, bei denen künstlerische, philologische oder lizenzrechtliche Gründe einer Änderung entgegenstehen.

www.ccbuchner.de

Gestaltung: CMS – Cross Media Solutions GmbH, Würzburg
Druck und Bindung: Stürtz GmbH, Würzburg

ISBN 978-3-7661-**5711**-9

Inhalt

Einführung

Liebe Schülerinnen und Schüler,

wenn man nach der Lehrbuchphase dazu übergeht, zweitausend Jahre alte lateinische Originaltexte zu lesen, muss man häufig feststellen, dass das „Lesen“ schwierig ist, auch wenn man bisher in Latein gut war. Nicht nur ganze Texte, sondern auch einzelne Sätze können immer wieder einmal nicht von Anfang bis Ende gelesen und verstanden werden. Dazu kommt noch, dass das Verstehen solcher Texte gelegentlich Vorkenntnisse erfordert, die ihr nicht habt und oft auch gar nicht haben könnt.
Ein grundsätzliches Problem besteht auch darin, dass die meisten von euch Englisch als erste Fremdsprache gelernt haben, und ihr euch nun, um originales Latein zu „lesen“, noch viel mehr als bei den Lehrbuchtexten umstellen müsst, weil man an Latein ganz anders herangehen muss als an Englisch. Zum einen muss man Latein grundsätzlich viel langsamer und konzentrierter lesen als Englisch und zum anderen kann man sich nicht auf genormte Satzstrukturen verlassen.
Während im Englischen der Mangel an Endungen zu der starren Abfolge S-P-O zwingt, ist die Wortstellung im Lateinischen viel freier, da die syntaktische Funktion der Wörter, z. B. als Subjekt oder Objekt, in der Regel an den Endungen deutlich erkennbar ist. Ein Satz kann im Lateinischen also durchaus mit dem Objekt beginnen, und es stehen auch zusammengehörende Worte häufig voneinander getrennt.
In dieser Ausgabe des „Helvetierkrieges“ stehen euch vielfältige Hilfsmittel zur Verfügung, um all diese Schwierigkeiten zu bewältigen.
Vor allem braucht ihr euch nicht sofort mit dem Originaltext zu befassen, sondern könnt euch mittels zweier vorangestellter Texte mit dem Inhalt vertraut machen und die sprachlichen Schwierigkeiten schrittweise bewältigen. Der erste Text ist stärker, der zweite dann weniger verkürzt und vereinfacht. Um den sportlichen Aspekt der Arbeit mit den Texten zu betonen, sind sie, wie auf der Skipiste, nach Schwierigkeitsgraden als leicht („blau“), mittel („rot“) und schwer („schwarz“) gekennzeichnet. Die am stärksten vereinfachte „blaue“ Version sollte es dabei fast jeder und jedem von euch nach einigem Training ermöglichen, die Texte weitgehend zu verstehen.

Auf der Grundlage des jeweils vorhergehenden Textes bereitet die zunehmende sprachliche und inhaltliche Komplexität der „roten" bzw. „schwarzen" Texte weniger Schwierigkeiten. Zugleich wird durch die jeweils neu hinzu kommenden Passagen immer klarer, wie Caesar unter Verwendung der für Latein typischen Konstruktionen seine Sätze geformt und dabei eine Fülle von Informationen auf engstem Raum untergebracht hat. Um die Übersicht zu erleichtern, sind die jeweils neuen Passagen durch Kursivdruck gekennzeichnet.
Auch wenn diese schrittweise Hinführung zum Originaltext sicher die Probleme verringert, so braucht ihr doch noch zahlreiche weitere Hilfen, um ohne großen Stress erfolgreich arbeiten zu können.
Aus diesem Grund findet ihr in dieser Textausgabe Informationen sowohl zu den erforderlichen Sprachkenntnissen, als auch zu allen Sachgebieten, die für ein wirkliches Textverständnis Voraussetzung sind.
Es ist zweckmäßig, sich vor Beginn der Lektüre über all diese Informationen einen Überblick zu verschaffen und auf die einzelnen Abschnitte zurückzugreifen, wenn es sinnvoll und hilfreich ist.

▶ Hinweise über den Texten

Neben den Worterklärungen wird zur Vorentlastung der Lektüre bei den Kapiteln auch auf den Lernwortschatz (LWS), den Spezialwortschatz (SpWS) und die Grammatik (Gr) im Anhang verwiesen.

▶ Die Aufgaben zu den einzelnen Kapiteln

Die Fragen können zunächst zum Großteil bereits nach der Lektüre der „blauen" Texte beantwortet werden. Wird der „rote" oder „schwarze" Text vorausgesetzt, ist die Frage rot oder schwarz gekennzeichnet.
In vielen Fällen ist nach der Lektüre des jeweils schwierigeren Textes eine genauere Beantwortung auch der Fragen möglich, für die schon die einfachere Version zunächst einige Informationen bietet.
Bei der Lösung der Aufgaben soll möglichst aus dem Text zitiert werden. Gelegentlich ist auch ein Blick auf die Karte zweckmäßig.

1. Die Verschwörung des Orgetorix

▶ Gr Participium coniunctum; Gerundium; ut

Apud Helvetios longe nobilissimus fuit Orgetorix. Is regni cupiditate inductus coniurationem nobilitatis fecit et civitati persuasit, ut de finibus suis exirent. Facile iis persuasit, quod undique loci natura Helvetii continentur: una ex parte flumine Rheno, altera ex parte monte Iura, tertia lacu Lemanno et flumine Rhodano, qui provinciam nostram ab Helvetiis dividit. His rebus fiebat, ut minus facile e finibus exire et aliis bellum inferre possent; qua re magno dolore afficiebantur. Pro multitudine autem hominum et pro gloria belli angustos se fines habere arbitrabantur. 84 W.

Apud Helvetios longe nobilissimus fuit et *ditissimus* Orgetorix. Is regni cupiditate inductus coniurationem nobilitatis fecit et civitati persuasit, ut de finibus suis *cum omnibus copiis* exirent: *perfacile esse, cum virtute omnibus praestarent, totius Galliae imperio potiri.*[1] Facile iis persuasit, quod undique loci natura Helvetii continentur: una ex parte flumine Rheno *latissimo atque altissimo*, altera ex parte monte Iura *altissimo*, tertia lacu Lemanno et flumine Rhodano, qui provinciam nostram ab Helvetiis dividit. His rebus fiebat, ut minus facile e finibus exire et *finitimis* bellum inferre possent; qua re *homines bellandi cupidi* magno dolore afficiebantur. Pro multitudine autem hominum et pro gloria belli angustos se fines habere arbitrabantur. 106 W.

[1] erg. verbum dicendi

Apud Helvetios longe nobilissimus fuit et ditissimus Orgetorix. Is *M. Messala et M. Pisone consulibus* regni cupiditate inductus coniurationem nobilitatis fecit et civitati persuasit, ut de finibus suis cum omnibus copiis exirent: perfacile esse, cum virtute omnibus praestarent, totius Galliae imperio potiri.[1] *Id hoc*[2] *facilius* iis persuasit, quod undique loci natura Helvetii continentur: una ex parte flumine Rheno latissimo atque altissimo, *qui agrum Helvetium a Germanis dividit*, altera ex parte monte Iura altissimo, *qui est inter Sequanos et Helvetios*, tertia lacu Lemanno et flumine Rhodano, qui provinciam nostram ab Helvetiis dividit. His rebus

fiebat, *ut minus late vagarentur*[3] et minus facile finitimis bellum inferre possent; qua *ex parte* homines bellandi cupidi magno dolore afficiebantur. Pro multitudine autem hominum et pro gloria belli *atque fortitudinis* 12
angustos se fines habere arbitrabantur.

129 W.

---

[1] erg. verbum dicendi
[2] **hoc** (Abl.) umso
[3] **vagari** umherschweifen

1 Zählt die Gründe auf, weshalb die Helvetier mit ihrer Situation unzufrieden sind. Diskutiert, ob die Gründe eurer Meinung nach einleuchtend sind.

2 Caesar beginnt seinen Bericht mit Orgetorix, d. h. mit Ereignissen im Jahre 61 v. Chr., die lange vor seiner Statthalterschaft stattfanden. Was könnte Caesar zu diesem Vorgehen veranlasst haben?

3 Die Wortstellung im ersten Satz ist etwas ungewöhnlich. Vergleicht sie mit der Wortstellung, die ihr z. B. von Lehrbuchtexten gewohnt seid. Welche Wirkung erreicht Caesar mit der Umstellung?

4▪ Versucht, die Beschreibung der geographischen Lage der Helvetier anhand der Karte (S. 79) nachzuvollziehen. Wie gestaltet Caesar die Beschreibung? Welche sprachlichen Mittel setzt er ein? Erläutert, welcher Eindruck durch die Beschreibung beim Leser entsteht.

2. Das Netzwerk des Orgetorix

▶ Gr Gerundiv; Partizip Futur mit *esse; quam;* vorgezogener Finalsatz

His rebus adducti constituerunt ea, quae ad proficiscendum pertinerent, comparare, id providere, ut in itinere satis frumenti haberent, cum proximis civitatibus pacem et amicitiam confirmare. Ad eas res conficiendas Orgetorix deligitur. Is sibi legationem ad civitates suscepit. In eo itinere persuadet Castico Sequano, ut regnum in civitate sua occuparet, itemque Dumnorigi Haeduo persuadet, ut idem conaretur. Perfacile esse id perficere illis probat et se suis copiis illis regna paraturum esse confirmat. Hac oratione adducti totius Galliae se potiri posse sperant. 81 W.

His rebus adducti *et auctoritate Orgetorigis permoti* constituerunt[1] ea, quae ad proficiscendum pertinerent, comparare, *carrorum maximum numerum co-emere*, id providere, ut in itinere satis frumenti haberent, cum proximis civitatibus pacem et amicitiam confirmare. *Ad eas res conficiendas duos annos sibi satis esse duxerunt, in tertium annum profectionem lege confirmant.* Ad eas res conficiendas Orgetorix deligitur. Is sibi legationem ad civitates suscepit. In eo itinere persuadet Castico Sequano, ut regnum in civitate sua occuparet, itemque Dumnorigi Haeduo, *cuius frater principatum in civitate obtinebat*, ut idem conaretur persuadet. Perfacile esse illis probat id perficere, *propterea quod ipse suae civitatis imperium obtenturus esset*[2]. Se suis copiis *suoque exercitu* illis regna paraturum esse confirmat. Hac oratione adducti totius Galliae se potiri posse sperant. 120 W.

---

[1] K. constituerunt … comparare … coemere … providere … confirmare
[2] **obtenturus esset** Konj. Fut. in der oratio obliqua (er werde)

His rebus adducti et auctoritate Orgetorigis permoti constituerunt[1] ea, quae ad proficiscendum pertinerent, comparare, carrorum *quam* maximum numerum coemere, id providere, ut in itinere satis frumenti haberent, cum proximis civitatibus pacem et amicitiam confirmare. Ad eas res conficiendas duos annos sibi satis esse duxerunt, in tertium annum

profectionem lege confirmant. Ad eas res conficiendas Orgetorix deligitur. Is sibi legationem ad civitates suscepit. In eo itinere persuadet Castico Sequano, *cuius pater regnum in Sequanis multos annos obtinuerat et ab senatu populi Romani amicus appellatus erat*, ut regnum in civitate sua occuparet, itemque Dumnorigi Haeduo, *fratri Diviciaci, qui eo tempore* principatum in civitate obtinebat *ac maxime plebi acceptus erat*, ut idem conaretur persuadet. Perfacile *factu*[2] esse illis probat *conata* perficere, propterea quod ipse suae civitatis imperium obtenturus esset[3]. Se suis copiis suoque exercitu illis regna paraturum esse confirmat.
Hac oratione adducti *inter se iusiurandum dant et per tres potentissimos ac firmissimos populos* totius Galliae sese potiri posse sperant. 157 W.

---

[1] K. constituerunt ... comparare ... coemere ... providere ... confirmare
[2] **factu** zu tun (vgl. Gr. Supin)
[3] **obtenturus esset** Konj. Fut. in der oratio obliqua (er werde)

1 Beschreibt, welche Maßnahmen die Helvetier in die Wege leiten.

2 Erläutert, wie Orgetorix versucht, seine diplomatische Mission zum eigenen Vorteil zu nutzen.

3 Caesar verwendet bewusst nur einen sehr begrenzten Wortschatz. Welches Verb kommt hier dreimal – allerdings mit verschiedenen Bedeutungen! – vor? Notiert die unterschiedlichen Bedeutungen.

4 Welchen politischen Begriff aus Text 1 variiert das Wort *imperium*? Was wird dadurch hervorgehoben?

Matthäus Merian d.Ä. (1593–1650): Zug der Helvetier nach Gallien; Kupferstich

3. Das Ende des Orgetorix

▶ Gr u-Deklination; quin; ut explicativum;
fehlendes Demonstrativum

Ea res est Helvetiis per indicium enuntiata. Orgetorigem causam dicere[1] coegerunt. Die constituta Orgetorix ad iudicium omnem suam familiam, ad hominum milia decem, undique coegit et omnes clientes[2] suos conduxit. Per eos impetravit, ne causam diceret. Cum civitas ob eam rem commota esset, Orgetorix mortuus est.

Post eius mortem tamen Helvetii id, quod constituerant, facere conantur, ut e finibus suis exeant. Ubi se ad eam rem paratos esse arbitrati sunt, oppida sua omnia incendunt, ut paratiores ad omnia pericula essent. Persuadent finitimis, ut una cum iis proficiscantur. 87 W.

[1] **causam dicere** sich vor Gericht verantworten
[2] **cliens, ntis** Gefolgsmann

Ea res est Helvetiis per indicium enuntiata. *Moribus suis* Orgetorigem *ex vinculis* causam dicere[1] coegerunt; *damnatum poenam sequi oportebat*[2], *ut igni cremaretur*[3]. Die constituta *causae dicendae* Orgetorix ad iudicium omnem suam familiam, ad hominum milia decem, undique coegit et omnes clientes[4] suos, *quorum magnum numerum habebat, eodem* conduxit. Per eos ne causam diceret impetravit. Cum civitas ob eam rem *incitata* esset *multitudinemque hominum ex agris magistratus cogerent*, Orgetorix mortuus est, *neque abest*[5] *suspicio, quin nex voluntaria fuerit.*

Post eius mortem *nihilo minus* Helvetii id, quod constituerant, facere conantur, ut e finibus suis exeant. Ubi se ad eam rem paratos esse arbitrati sunt, oppida sua omnia incendunt, ut *domum redeundi spe sublata* paratiores ad omnia pericula *subeunda* essent. Persuadent finitimis, ut *eodem consilio* una cum iis proficiscantur. 126 W.

[1] **causam dicere** sich vor Gericht verantworten
[2] **poena sequitur** der Römer denkt an die Rachegöttin, die dem Schuldigen folgt
[3] **cremare** verbrennen
[4] **cliens, ntis** Gefolgsmann
[5] **neque abest** es gab, man hatte

Ea res est Helvetiis per indicium enuntiata. Moribus suis Orgetorigem ex vinculis causam dicere[1] coegerunt; damnatum poenam sequi[2] oportebat, ut igni cremaretur[3]. Die constituta causae *dictionis* Orgetorix ad iudicium omnem suam familiam, ad hominum milia decem, undique coegit et omnes clientes[4] suos, quorum magnum numerum habebat, eodem conduxit. Per eos ne causam diceret *se eripuit*. Cum civitas ob eam rem incitata *armis ius suum exsequi*[5] *conaretur* multitudinemque hominum ex agris magistratus cogerent, Orgetorix mortuus est, neque abest suspicio, *ut Helvetii arbitrantur, quin ipse sibi mortem consciverit*[6].
Post eius mortem nihilo minus Helvetii id, quod constituerant, facere conantur, ut e finibus suis exeant. Ubi *iam* se ad eam rem paratos esse arbitrati sunt, oppida sua omnia, *vicos, reliqua aedificia privata* incendunt, frumentum omne, praeter quod secum portaturi erant, comburunt[7], ut domum *reditionis* spe sublata paratiores ad omnia pericula subeunda essent.
Persuadent finitimis, *uti eodem usi*[8] *consilio oppidis suis vicisque incensis* una cum iis proficiscantur. 153 W.

---

[1] **causam dicere** sich vor Gericht verantworten
[2] **poena sequitur** der Römer denkt an die Rachegöttin, die dem Schuldigen folgt
[3] **cremare** verbrennen
[4] **cliens, ntis** Gefolgsmann
[5] **exsequi** hier: durchsetzen
[6] **consciscere** hier: freiwillig wählen
[7] **comburere** verbrennen
[8] **usi** P.P. von uti

1 Versetzt euch in die Lage der Helvetier. Warum gehen sie so rigoros gegen Orgetorix vor?

2 Was folgt daraus, dass sie den Plan zur Auswanderung nach seinem Tod nicht aufgeben?

3 Wer ist offensichtlich mit *civitas* (Z. 4/6) gemeint?

4 Untersucht, inwiefern die sprachliche Gestaltung die inhaltliche Aussage unterstützt.

4. Die Tücken der geographischen Lage

▶ Gr Steigerung; Infinitiv Futur

Erant omnino itinera duo, quibus itineribus domo exire possent: Unum per Sequanos, angustum et difficile, ut facile pauci prohibere possent; alterum per provinciam nostram, multo facilius, quod inter fines Helvetiorum et Allobrogum, qui nuper pacati[1] erant, Rhodanus fluit isque nonnullis locis facile transitur.

Helvetii Allobrogibus se vel persuasuros esse existimabant, vel vi coacturos, ut per suos fines eos ire paterentur. Omnibus rebus comparatis diem dicunt, qua die omnes conveniant.

Caesari cum id nuntiatum esset, statim ab urbe proficiscitur et in Galliam ulteriorem contendit. 83 W.

[1] **pacare** „befrieden“, unterwerfen

Erant omnino itinera duo, quibus itineribus domo exire possent: Unum per Sequanos, angustum et difficile, *inter montem Iuram et flumen Rhodanum*, ut *vix singuli carri ducerentur* et facile *per*pauci prohibere possent; alterum per provinciam nostram, multo facilius *atque expeditius*, quod inter fines Helvetiorum et Allobrogum, qui nuper pacati[1] erant, Rhodanus fluit isque nonnullis locis facile transitur. *Oppidum Allobrogum proximum Helvetiorum finibus est Genava.*

Ex eo oppido pons ad Helvetios pertinet. Helvetii Allobrogibus se vel persuasuros esse existimabant, vel vi coacturos, ut per suos fines eos ire paterentur. Omnibus rebus *ad profectionem* comparatis diem dicunt, qua die *ad ripam Rhodani* omnes conveniant.

Caesari cum id nuntiatum esset, statim ab urbe proficiscitur et in Galliam ulteriorem contendit. 115 W.

[1] **pacare** „befrieden“, unterwerfen

Erant omnino itinera duo, quibus itineribus domo exire possent: Unum per Sequanos, angustum et difficile, inter montem Iuram et flumen Rhodanum, *vix qua*[1] singuli carri ducerentur, *mons autem altissimus impendebat*[2], ut facile perpauci prohibere possent; alterum per pro-

vinciam nostram, multo facilius atque expeditius, *propterea* quod inter fines Helvetiorum et Allobrogum, qui nuper pacati[3] erant, Rhodanus fluit isque nonnullis locis *vado*[4] transitur. *Extremum* oppidum Allobrogum est proximumque Helvetiorum finibus Genava.
Ex eo oppido pons ad Helvetios pertinet. *Allobrogibus sese* vel persuasuros, *quod nondum bono animo in populum Romanum viderentur,* existimabant vel vi coacturos, ut per suos fines eos ire paterentur. Omnibus rebus ad profectionem comparatis diem dicunt, qua die ad ripam Rhodani omnes conveniant.
Caesari cum id nuntiatum esset *eos per provinciam nostram iter facere conari, maturat*[5] ab urbe *proficisci* et *quam maximis potest itineribus* in Galliam ulteriorem contendit *et ad Genavam pervenit.* 142 W.

[1] **quā** (Abl.) erg. via
[2] **impendere** (drohend) hängen über
[3] **pacare** „befrieden", unterwerfen
[4] **vadum** Furt
[5] **maturare** sich beeilen

1 Fasst kurz die Vorteile zusammen, die der Weg durch die Provinz laut Caesar den Helvetiern bietet.

2 Was könnt ihr daraus schließen, dass Caesar schnell über die Pläne der Helvetier informiert wird, obwohl er sich noch in Rom aufhält? Beurteilt seine Reaktion auf die Nachricht.

3▪ Mehrmals in diesem Abschnitt bedient sich Caesar der betonten Stellung von Worten am Satzanfang oder -ende. Nennt drei Beispiele und erläutert, was Caesar jeweils mit der Wortstellung bezweckt.

5. Caesars Hinhaltetaktik

▶ Gr Gerundiv; finaler Relativsatz; vorgezogener Finalsatz; Ellipse

Caesar provinciae toti maximum militum numerum imperat – erat omnino in Gallia ulteriore legio una.
Ubi de eius adventu Helvetii cognoverunt, legatos ad eum mittunt nobilissimos civitatis. Illi dicebant sibi esse in animo sine ullo facinore iter per provinciam facere, quod aliud iter haberent nullum. Rogant, ut eius voluntate id sibi facere liceat.
Caesar, quod memoria tenebat L. Cassium consulem occisum ab Helvetiis esse, concedendum non putabat. Tamen legatis respondit diem se ad cogitandum sumpturum esse. Interea a lacu Lemanno ad montem Iuram murum fossamque[1] perducit. 85 W.

[1] **fossa** Graben

Caesar provinciae toti *quam* maximum *potest* militum numerum imperat – erat omnino in Gallia ulteriore legio una - *pontem, qui erat ad Genavam, iubet rumpi*. Ubi de eius adventu Helvetii cognoverunt, legatos ad eum mittunt nobilissimos civitatis, *qui dicerent* sibi esse in animo sine ullo facinore iter per provinciam facere, *propterea* quod aliud iter haberent nullum; *rogare*[1], ut eius voluntate id sibi facere liceat.
Caesar, quod memoria tenebat L. Cassium consulem occisum *exercitumque eius* ab Helvetiis *pulsum et sub iugum missum*, concedendum non putabat; *neque homines inimico animo temperaturos ab iniuria et facinore existimabat*. Tamen, *ut spatium intercedere posset, dum milites, quos imperaverat, convenirent,* legatis respondit diem se ad cogitandum sumpturum esse. Interea a lacu Lemanno ad montem Iuram murum fossamque[2] perducit. 120 W.

[1] **rogare** narr. Inf. (s. S. 74)
[2] **fossa** Graben

Caesar provinciae toti quam maximum potest militum numerum imperat – erat omnino in Gallia ulteriore legio una - pontem, qui erat ad Genavam, iubet rumpi. Ubi de eius adventu Helvetii *certiores facti sunt*,

legatos ad eum mittunt nobilissimos civitatis, *cuius legationis Nammeius et Verucloetius principem locum obtinebant*, qui dicerent sibi esse in animo sine ullo *maleficio* iter per provinciam facere, propterea quod aliud iter haberent nullum; rogare[1], ut eius voluntate id sibi facere liceat.
Caesar, quod memoria tenebat L. Cassium consulem occisum exercitumque eius ab Helvetiis pulsum et sub iugum missum, concedendum non putabat; neque homines inimico animo, *data copia*[2] *per provinciam itineris faciendi,* temperaturos ab iniuria et *maleficio* existimabat. Tamen, ut spatium intercedere posset, dum milites, quos imperaverat, convenirent, legatis respondit diem se ad *deliberandum*[3] sumpturum; *si quid vellent, ad Id. Apr.*[4] *reverterentur*[5]. Interea *ea legione, quam secum habebat, militibusque, qui ex provincia convenerant*, a lacu Lemanno ad montem Iuram murum fossamque[6] perducit. 152 W.

[1] **rogare** narr. Inf. (s. S. 74)
[2] **data copia** (Abl. abs.) hier: wenn …
[3] **deliberare** sich bedenken
[4] **ad Id. Apr. „ad Idus Apriles“** am 13. April
[5] **reverterentur** hier: sie sollten …
[6] **fossa** Graben

1 Wie verhält sich Caesar gegenüber den Helvetiern und was sind eurer Einschätzung nach seine Motive?
2 Beschreibt den Wechsel der Tempora in diesem Text und erklärt ihn.
3 *quod aliud iter haberent nullum* (Z. 5/5 f./6 f.): Welche Stilfigur verwendet Caesar hier, und was wird dadurch betont?
4▪ Welche Maßnahmen ergreift Caesar sofort nach seiner Ankunft?

6. Zunächst kein Durchkommen

▶ Gr Semideponentia; *ubi;* Ablativus absolutus ohne Partizip

Opere perfecto Caesar praesidia dis-ponit, quo facilius, si transire conarentur, prohibere possit. Ubi ea dies, quam constituerat cum legatis, venit et legati ad eum reverterunt, negat se more populi Romani ulli iter per provinciam dare posse.
Helvetii ea spe erepta nonnumquam[1] die, saepe nocte si per-rumpere possent conabantur, sed repulsi hoc consilium deposuerunt.
Relinquebatur una per Sequanos via, qua Sequanis invitis ire non poterant. His cum persuadere non possent, legatos ad Dumnorigem Haeduum mittunt. Ille a Sequanis impetrat, ut per fines suos Helvetios ire patiantur. 85 W.

[1] **nonnumquam** manchmal

Opere perfecto Caesar praesidia dis-ponit, castella *com-munit*, quo facilius, si transire conarentur, prohibere possit. Ubi ea dies, quam constituerat cum legatis, venit et legati ad eum reverterunt, negat se more *et exemplo* populi Romani *posse iter ulli* per provinciam dare *et eos prohibiturum ostendit.*
Helvetii ea spe erepta *navibus iunctis compluribus factis* nonnumquam[1] die, *saepius* nocte si per-rumpere possent *conati, operis munitione et militum con-cursu et telis* repulsi hoc consilium deposuerunt.
Relinquebatur una per Sequanos via, qua Sequanis invitis *propter angustias* ire non poterant. His cum *sua sponte* persuadere non possent, legatos ad Dumnorigem Haeduum mittunt. *Dumnorix apud Sequanos plurimum poterat et Helvetiis erat amicus. Itaque* a Sequanis impetrat, ut per fines suos Helvetios ire patiantur. 116 W.

[1] **nonnumquam** manchmal

Opere perfecto Caesar praesidia disponit, castella communit, quo facilius, si *se invito* transire conarentur, prohibere possit. Ubi ea dies, quam constituerat cum legatis, venit et legati ad eum reverterunt, negat

se more et exemplo populi Romani posse iter ulli per provinciam dare et, *si vim facere conentur*, prohibiturum ostendit.
Helvetii ea spe erepta navibus iunctis compluribus factis, *alii vadis*[1] *Rhodani, qua minima altitudo fluminis erat*, nonnumquam[2] *interdiu*, saepius *noctu* si perrumpere possent conati, operis munitione et militum concursu et telis repulsi hoc consilium deposuerunt.
Relinquebatur una per Sequanos via, qua Sequanis invitis propter angustias ire non poterant. His cum sua sponte persuadere non possent, legatos ad Dumnorigem Haeduum mittunt, *ut eo de-precatore a Sequanis impetrarent*[3]. Dumnorix apud Sequanos plurimum poterat et Helvetiis erat amicus. Itaque *rem suscipit et* a Sequanis impetrat, ut per fines suos Helvetios ire patiantur, *obsidesque uti inter sese dent perficit: Sequani, ne itinere Helvetios prohibeant, Helvetii, ut sine maleficio et iniuria transeant.*

156 W.

---

[1] **vadum** Furt
[2] **nonnumquam** manchmal
[3] erg. das fehlende Objekt aus dem Kontext (Z. 14 f.)

1 Beschreibt in eigenen Worten, welche Maßnahmen Caesar ergreift. Welche Wirkung erzielt er damit?

2 Wie reagieren die Helvetier auf Caesars Taktik? Wodurch ist der Leser auf diesen Schritt vorbereitet?

3▪ *prohibiturum* (Z. 4 f./5): Was müsst ihr bei dieser Ellipse ergänzen?

4▪ *Helvetii … deposuerunt* (Z. 6 ff.): Zeigt die Bedeutung der Partizipialkonstruktionen für diese Periode auf.

7. Caesars berühmte Schnelligkeit

▶ **WH:** SpWs

Caesari nuntiatur Helvetiis esse in animo per agrum Sequanorum et Haeduorum iter in Santonum fines facere. Id si fieret, intellegebat magno cum periculo provinciae futurum, ut[1] inimicos populi Romani finitimos[2] haberet.

Ob eas causas ei munitioni, quam fecerat, T. Labienum legatum praefecit[3]. Ipse in Italiam contendit et inde in ulteriorem Galliam per Alpes cum quinque legionibus ire contendit. Ibi homines montani exercitum itinere prohibere frustra conantur. Caesar in fines Vocontiorum die septimo pervenit.

Helvetii iam per fines Sequanorum suas copias traduxerant et in Haeduorum fines pervenerant. 86 W.

[1] **ut** hier: wenn
[2] **finitimus** benachbart, Grenznachbar
[3] **praeficere (alqm alci rei)** jd. den Befehl ü. etw. geben

Caesari nuntiatur Helvetiis esse in animo per agrum Sequanorum et Haeduorum iter in Santonum fines facere, *qui non longe a Tolosatium finibus absunt, quae civitas est in provincia*. Id si fieret, intellegebat magno cum periculo provinciae futurum, ut[1] *homines bellicosos*, populi Romani inimicos finitimos[2] haberet. Ob eas causas ei munitioni, quam fecerat, T. Labienum legatum praefecit[3]. Ipse in Italiam *quam celerrime* contendit *duasque ibi legiones conscribit et tres ex hibernis educit et, qua proximum iter* in ulteriorem Galliam per Alpes *erat*, cum *his* quinque legionibus ire contendit. Ibi homines montani itinere exercitum prohibere conantur. *Compluribus his proeliis pulsis* in fines Vocontiorum *ulterioris provinciae* die septimo pervenit.

Helvetii iam per fines Sequanorum suas copias traduxerant et in Haeduorum fines pervenerant. 119 W.

[1] **ut** hier: wenn
[2] **finitimus** benachbart, Grenznachbar
[3] **praeficere (alqm alci rei)** jd. den Befehl über etw. geben

Caesari nuntiatur Helvetiis esse in animo per agrum Sequanorum et Haeduorum iter in Santonum fines facere, qui non longe a Tolosatium finibus absunt, quae civitas est in provincia. Id si fieret, intellegebat magno cum periculo provinciae futurum, ut[1] homines bellicosos, populi Romani inimicos, *locis patentibus maximeque frumentariis* finitimos[2] haberet. Ob eas causas ei munitioni, quam fecerat, T. Labienum legatum praefecit[3]; ipse in Italiam *magnis itineribus* contendit duasque ibi legiones conscribit et tres, *quae circum Aquileiam hiemabant,* ex hibernis educit et qua proximum iter in ulteriorem Galliam per Alpes erat, cum his quinque legionibus ire contendit. Ibi homines montani *locis superioribus occupatis* itinere exercitum prohibere conantur. Compluribus his proeliis pulsis in fines Vocontiorum ulterioris provinciae die septimo pervenit; *inde in Allobrogum fines, ab Allobrogibus in Segusiavos exercitum ducit. Hi sunt extra provinciam trans Rhodanum primi.*
Helvetii iam *per angustias* et fines Sequanorum suas copias traduxerant et in Haeduorum fines pervenerant *eorumque agros populabantur*[4]. 152 W.

---

[1] **ut** hier: wenn
[2] **finitimus** benachbart, Grenznachbar
[3] **praeficere (alqm alci rei)** jd. den Befehl über etw. geben
[4] **populari** verwüsten

1 Welchen Gewaltmarsch planen die Helvetier? Versucht, die Route anhand der Karte auf S. 79 nachzuvollziehen.

2 Sucht im Text den Grund dafür, dass Caesar auch diese Pläne der Helvetier vereiteln will.

3■ *Ob eas causas* … (Z. 5/6): Zeigt, wie Caesar durch die perfekte Übereinstimmung von Inhalt und sprachlicher Gestaltung bei der Schilderung seines Vorgehens den erwünschten Eindruck von Entschlusskraft und Durchsetzungsvermögen erweckt.

4■ Wodurch werden Caesars Befürchtungen bestätigt?

8. Die Bundesgenossen in Not

▶ SpWs

Haedui cum se ab Helvetiis defendere non possent, legatos ad Caesarem mittunt et se omni tempore amicos populi Romani fuisse confirmant. Eodem tempore Ambarri, propinqui Haeduorum, sese non facile vim hostium prohibere nuntiant. Item Allobroges fuga se ad Caesarem recipiunt. Quibus rebus adductus Caesar non expectandum sibi statuit.

Flumen est Arar, quod in Rhodanum influit[1]. Id Helvetii transibant. Ubi Caesar audivit tres iam partes copiarum Helvetiorum id flumen transisse, eam partem adgressus est, quae nondum flumen transierat. Magnam partem eorum interfecit. Reliqui fugerunt. 83 W.

[1] **influere** hineinfließen

Haedui cum se *suaque* ab Helvetiis defendere non possent, legatos ad Caesarem mittunt *auxiliumque rogant*: Se omni tempore amicos populi Romani fuisse, *ut in conspectu exercitus nostri agros eorum vastari non oporteret.* Eodem tempore Ambarri, propinqui Haeduorum, sese non facile *ab oppidis* vim hostium prohibere nuntiant. Item Allobroges fuga se ad Caesarem recipiunt. Quibus rebus adductus Caesar non expectandum sibi statuit, *dum in Santonos Helvetii pervenirent.*

Flumen est Arar, quod *per fines Haeduorum et Sequanorum* in Rhodanum influit[1]. Id Helvetii transibant. Ubi Caesar audivit tres iam partes copiarum Helvetiorum id flumen transisse, *de tertia vigilia e castris profectus* ad eam partem *pervenit,* quae nondum flumen transierat. *Eos impeditos adgressus* magnam partem eorum interfecit. Reliqui fugerunt *atque se in proximas silvas abdiderunt.* 121 W.

[1] **influere** hineinfließen

Haedui cum se suaque ab Helvetiis defendere non possent, legatos ad Caesarem mittunt *rogatum*[1] auxilium: Ita se omni tempore de *populo Romano meritos esse*[2], ut *paene* in conspectu exercitus nostri *agri vastari, liberi in servitutem abduci non debuerint*[3]. Eodem tempore Ambarri, propinqui Haeduorum, *Caesarem certiorem faciunt* sese non facile ab oppidis vim hostium prohibere. Item Allobroges, *qui trans Rhodanum vicos possessionesque habeban*t, fuga se ad Caesarem recipiunt. Quibus rebus adductus Caesar non expectandum sibi statuit, dum *omnibus fortunis sociorum consumptis* in Santonos Helvetii pervenirent.

Flumen est Arar, quod per fines Haeduorum et Sequanorum in Rhodanum influit[4]. Id Helvetii transibant. Ubi *per exploratores* Caesar *certior factus est* tres iam partes[5] copiarum *Helvetios* id flumen *traduxisse*, de tertia vigilia *cum legionibus tribus* e castris profectus ad eam partem pervenit, quae nondum flumen transierat. Eos impeditos adgressus magnam partem eorum *con-cidit.* Reliqui *sese fugae mandarunt* atque in proximas silvas abdiderunt.

154 W.

[1] **rogatum** um zu bitten (vgl. Gr. Supin)
[2] **mereri de** sich verdient machen um
[3] **non debere** nicht dürfen
[4] **influere** hineinfließen
[5] **partes** Objekt im AcI

1 Warum betont Caesar ausdrücklich, dass die Haeduer, Ambarrer und Allobroger, die er alle pauschal *socii* nennt, sich in Not befinden und sich hilfesuchend an ihn wenden?

2 Diskutiert, ob der erste – taktisch sicher schlaue – Angriff der Römer gerechtfertigt ist.

3 *transibant* (Z. 7/9/11): Welche Bedeutung hat das Imperfekt?

4▪ *tres iam partes … Helvetios traduxisse* (Z. 12): Erklärt die Wortstellung und ihre Funktion.

9. Rache für die Niederlage des Cassius

▶ LWS Gr Verba defectiva; Infinitiv Futur

Omnis civitas Helvetia in quattuor partes est divisa. Ea autem pars appellabatur Tigurinus; haec L. Cassium consulem interfecerat et eius exercitum sub iugum miserat. Ita ea pars civitatis Helvetiae, quae magnam calamitatem populo Romano intulerat, poenas solvit.
Hoc proelio facto Caesar Ararim exercitum traducit. Helvetii, cum illum uno die flumen transisse intellegerent, legatos ad eum mittunt. Cuius legationis Divico princeps fuit. Is ita cum Caesare egit: Si pacem cum Helvetiis faceret, in eam partem ituros Helvetios, ubi Caesar eos constituisset; sin[1] aliter, meminisset pristinae virtutis Helvetiorum. 85 W.

[1] **sin** … **meminisset** wenn aber … dann sollte er

Omnis civitas Helvetia in quattuor partes *vel pagos* est divisa. *Is* autem *pagus* appellabatur Tigurinus; *hic unus patrum nostrorum memoria* L. Cassium consulem interfecerat et eius exercitum sub iugum miserat. Ita *quae* pars civitatis Helvetiae magnam calamitatem populo Romano intulerat, *ea princeps* poenas *per*solvit.
Hoc proelio facto *reliquas copias Helvetiorum ut consequi posset, pontem in Arari faciendum curat atque ita* exercitum traducit. Helvetii *repentino eius adventu commoti,* cum illum uno die flumen transisse intellegerent, legatos ad eum mittunt. Cuius legationis Divico princeps fuit. Is ita cum Caesare egit: Si pacem *populus Romanus* cum Helvetiis faceret, in eam partem ituros *atque ibi futuros* Helvetios ubi Caesar eos constituisset; sin[1] *bello persequeretur*, meminisset *et veteris in-commodi populi Romani et* pristinae virtutis Helvetiorum. 119 W.

[1] **sin** … **meminisset** wenn aber … dann sollte er

Omnis civitas Helvetia in quattuor partes vel pagos est divisa. Is autem pagus appellabatur Tigurinus; hic unus, *cum domo exisset*, patrum nostrorum memoria L. Cassium consulem interfecerat et eius exercitum sub iugum miserat. Ita *sive casu sive consilio deorum immortalium*, quae pars civitatis Helvetiae magnam calamitatem populo Romano intulerat, ea princeps poenas persolvit. *Qua in re Caesar non solum publicas, sed etiam privatas iniurias ultus est*[1].

Hoc proelio facto reliquas copias Helvetiorum ut consequi posset, pontem in Arari faciendum curat atque ita exercitum traducit. Helvetii repentino eius adventu commoti, cum *id, quod ipsi diebus XX vix confecerant, ut flumen transirent,* illum uno die *fecisse* intellegerent, legatos ad eum mittunt. Cuius legationis Divico princeps fuit, *qui bello Cassiano dux Helvetiorum fuerat.* Is ita cum Caesare egit: Si pacem populus Romanus cum Helvetiis faceret, in eam partem ituros atque ibi futuros Helvetios ubi Caesar eos constituisset *atque esse voluisset*; sin[2] bello persequeretur, meminisset et veteris incommodi populi Romani et pristinae virtutis Helvetiorum. 159 W.

---

[1] **ulcisci, ultus sum** rächen
[2] **sin** … **meminisset** wenn aber … dann sollte er

1 Was beeindruckt die Helvetier so sehr, dass sie Caesar ein Friedensangebot machen?

2 Findet ihr die im ersten Abschnitt angedeutete Rechtfertigung Caesars für seinen Angriff überzeugend?

3▪ Wie tritt Divico Caesar gegenüber auf?

4▪ *in Arari* (Z. 6 f./9): Was betonen die Römer im Gegensatz zu uns beim Brückenbau? (vgl. Abb.)

5▪ Mit welcher Stilfigur unterstreicht Divico seine Ausführungen (Z. 11 f./15 f.)?

Peter Connolly (*1935): Eine röm. Legion beim Brückenbau

10. Kontroverse Standpunkte

▶ Gr indirekte Rede

Divico pergit: Quod unum pagum dolo adgressus esset, ne ob eam rem suae virtuti multum tribueret. Se ita a patribus suis didicisse, ut magis virtute contenderent. Quare ne committeret, ut is locus ex calamitate populi Romani nomen caperet.

His Caesar ita respondit: Se eas res, quas legati Helvetii memorassent, memoria tenere, atque eo gravius ferre[1], quo minus merito[2] populi Romani accidissent.

Si veteris iniuriae oblivisci[3] vellet, num etiam recentium iniuriarum memoriam deponere posse? Tamen, si obsides ab iis sibi dentur, sese cum iis pacem esse facturum. 86 W.

---

[1] **graviter ferre** empört sein
[2] **merito** nach Verdienst, durch Verschulden
[3] **oblivisci** (m. Gen.) vergessen

Divico pergit: Quod unum pagum dolo adgressus esset, *cum ii, qui flumen transissent, suis auxilium ferre non possent*, ne ob eam rem suae virtuti multum tribueret. Se ita a patribus *maioribusque* suis didicisse, ut magis virtute *quam dolo* contenderent. Quare ne committeret, ut is locus, *ubi constitissent,* ex calamitate populi Romani nomen caperet.

His Caesar ita respondit: *Eo sibi minus dubitationis dari*, *quod* eas res, quas legati Helvetii *com*-memorassent, memoria *teneret*, atque eo gravius ferre[1], quo minus merito[2] populi Romani accidissent. *Qui*[3] *si alicuius iniuriae sibi conscius fuisset, non fuisse difficile cavere.*

Si veteris iniuriae oblivisci[4] vellet, num etiam recentium iniuriarum, *quod iter per provinciam per vim temptassent,* memoriam deponere posse? Tamen, si obsides ab iis sibi dentur, sese cum iis pacem esse facturum. 124 W.

---

[1] **graviter ferre** empört sein
[2] **merito** nach Verdienst, durch Verschulden
[3] **qui** = populus Romanus
[4] **oblivisci** (m. Gen.) vergessen

Divico pergit: Quod unum pagum dolo adgressus esset, cum ii, qui flumen transissent, suis auxilium ferre non possent, ne ob eam rem *aut* suae virtuti multum tribueret *aut ipsos despiceret*[1]. Se ita a patribus maioribusque suis didicisse, ut magis virtute quam dolo contenderent *aut insidiis niterentur.* Quare ne committeret, ut is locus, ubi constitissent, ex calamitate populi Romani *et internecione*[2] *exercitus* nomen caperet.
His Caesar ita respondit: Eo sibi minus dubitationis dari, quod eas res, quas legati Helvetii commemorassent, memoria teneret, atque eo gravius ferre[3], quo minus merito[4] populi Romani accidissent. Qui[5] si alicuius iniuriae sibi conscius fuisset, non fuisse difficile cavere, *sed eo deceptum*[6], *quod neque commissum a se intellegeret, quare timeret, neque sine causa timendum putaret.* Si veteris iniuriae oblivisci[7] vellet, num etiam recentium iniuriarum, quod *eo invito* iter per provinciam per vim temptassent, memoriam deponere posse? *Cum ea ita sint*, tamen si obsides ab iis sibi dentur, *uti ea quae polliceantur facturos*[8] *intellegat*, sese cum iis pacem esse facturum.

162 W.

---

[1] **despicere** verachten
[2] **internecio** Niedermetzelung
[3] **graviter ferre** empört sein
[4] **merito** nach Verdienst, durch Verschulden
[5] **qui** = populus Romanus
[6] **decipere** täuschen; K. deceptum, quod neque … intellegeret … neque … putaret
[7] **oblivisci** (m. Gen.) vergessen
[8] s. or. obl., S. 74 f.

1 Versucht, die Auseinandersetzung zwischen Divico und Caesar anhand folgender Fragen nachzuvollziehen:
– Was wirft Divico Caesar vor?
– Wovor warnt Divico Caesar?
– Wieso bietet Caesar dennoch einen Friedensschluss an?

2▪ *se ita … niterentur* (Z. 3–5): Mit welchen typisch römischen Begriffen argumentiert Divico?
Wie soll das wohl im Mund eines „Barbaren“ wirken?

11. Ein Sieg der helvetischen Reiterei

▶ LWS/SpWS/Gr indirekte Rede; Komparativ

Divico respondit: Ita Helvetios a maioribus suis institutos esse, ut obsides accipere, non dare consueverint. Hoc responso dato discessit. Postero die castra ex eo loco movent.
Idem facit Caesar equitatumque omnem praemittit, qui videant, quas in partes hostes iter faciant. Qui cum equitatu Helvetiorum proelium committunt, et pauci de nostris cadunt. Itaque Helvetii in proelia nostros poscere coeperunt. Caesar satis habebat hostem ab iniuriis prohibere. Ita dies circiter quindecim iter fecerunt.
Interim Caesar Haeduos frumentum poscere. Nam frumenta in agris matura non erant. 83 W.

Divico respondit: Ita Helvetios a maioribus suis institutos esse, uti obsides accipere, non dare consuerint; *eius rei populum Romanum esse testem*. Hoc responso dato discessit. Postero die castra ex eo loco movent.
Idem facit Caesar equitatumque omnem, *ad numerum quattuor milium*, praemittit, qui videant, quas in partes hostes iter faciant. Qui *cupidius novissimum agmen insecuti* cum equitatu Helvetiorum proelium committunt, et pauci de nostris cadunt. *Quo proelio sublati* Helvetii *novissimo agmine* in proelia nostros poscere coeperunt. Caesar *suos a proelio continebat ac* satis habebat *in praesentia* hostem *rapinis* prohibere. Ita dies circiter quindecim iter fecerunt.
Interim *cottidie* Caesar Haeduos frumentum, *quod essent publice polliciti*, poscere. Nam *non modo* frumenta in agris matura non erant, *sed ne pabuli*[1] *quidem satis magna copia reperiebatur*. 122 W.

[1] **pabulum** Futter

Divico respondit: Ita Helvetios a maioribus suis institutos esse, uti obsides accipere, non dare consuerint; eius rei populum Romanum esse testem. Hoc responso dato discessit. Postero die castra ex eo loco movent.
Idem facit Caesar equitatumque omnem, ad numerum quattuor milium, *quem ex omni provincia et Haeduis atque eorum sociis coactum habebat*,

praemittit, qui videant, quas in partes hostes iter faciant. Qui cupidius novissimum agmen insecuti *alieno loco* cum equitatu Helvetiorum proelium committunt, et pauci de nostris cadunt. Quo proelio sublati Helvetii, *quod quingentis equitibus tantam multitudinem equitum propulerant*, novissimo agmine *proelio* nostros *lacessere*[1] coeperunt. Caesar suos a proelio continebat ac satis habebat in praesentia hostem rapinis prohibere. Ita dies circiter quindecim iter fecerunt, *ut inter novissimum hostium agmen et nostrum primum non amplius paucis milibus passuum interesset.*

Interim cottidie Caesar Haeduos frumentum, quod essent publice polliciti, poscere. Nam *propter frigora*[2] non modo frumenta in agris matura non erant, sed ne pabuli[3] quidem satis magna copia reperiebatur. 157 W.

[1] **lacessere** herausfordern
[2] **frigora, um** Kälte
[3] **pabulum** Futter

1 Welche Wirkung hat der Sieg ihrer Reiterei auf die Helvetier?
2 Wie reagiert Caesar? Was können seine Beweggründe sein?
3▪ Wie wird die Absage Divicos auch durch die sprachliche Gestaltung des ersten Abschnittes unterstrichen?
4▪ Welche inhaltliche Veränderung wird durch *interim* (Z. 11/14) vorbereitet?

Peter Connolly (*1935):
Gallische Krieger zu Pferde

12. Probleme mit den Haeduern

▶ Gr ne; quin

Frumenti inopia nostri laborabant, Caesar autem eo frumento, quod flumine Arari sub-vexerat, minus uti poterat, quod iter ab Arari Helvetii averterant. Haedui autem conferri, com-portari, adesse dicere. Ubi intellexit diem instare, quo die frumentum militibus dis-tribuere oporteret, eorum principes graviter accusat, quod ab iis non ad-iuvetur, praesertim cum eorum precibus adductus bellum susceperit.
Tum Liscus proponit esse nonnullos, quorum auctoritas apud plebem plurimum valeat. Hos multitudinem de-terrere, ne frumentum conferant: praestare[1] Gallorum quam Romanorum imperia perferre; neque dubitare debeant, quin Romani Haeduis libertatem sint erepturi. 85 W.

[1] **praestat** es ist besser

Frumenti inopia nostri laborabant, Caesar autem eo frumento, quod flumine Arari sub-vexerat, minus uti poterat, quod iter ab Arari Helvetii averterant, *a quibus discedere nolebat. Diem ex die ducere*[1] Haedui: conferri, com-portari, adesse dicere. Ubi intellexit diem instare, quo die frumentum militibus dis-tribuere oporteret, *convocatis eorum principibus* graviter *eos* accusat quod, *cum frumentum ex agris sumi*[2] *non posset, tam necessario tempore* ab iis non *sublevetur*, praesertim cum *magna ex parte* eorum precibus adductus bellum susceperit.
Tum *demum* Liscus, *oratione Caesaris adductus*, proponit: esse nonnullos, quorum auctoritas apud plebem plurimum valeat. Hos *improba oratione* multitudinem de-terrere, ne frumentum conferant: praestare[3], *si principatum Galliae obtinere non possent,* Gallorum quam Romanorum imperia perferre; neque dubitare debeant, quin Romani Haeduis libertatem sint erepturi. 119 W.

[1] **ducere** hier: verzögern – [2] **sumi** Inf. Pass. – [3] **praestat** es ist besser

Frumenti inopia nostri laborabant, Caesar autem eo frumento, quod flumine Arari subvexerat, minus uti poterat, quod iter ab Arari Helvetii averterant, a quibus discedere nolebat. Diem ex die ducere[1] Haedui:

conferri, comportari, adesse dicere. Ubi *se diutius duci*[1] intellexit et diem instare, quo die frumentum militibus distribuere oporteret, convocatis eorum principibus, *quorum magnam copiam in castris habebat,* graviter eos accusat quod, cum *neque emi*[2] *neque* ex agris sumi[2] posset, tam necessario tempore, *tam propinquis hostibus* ab iis non sublevetur, praesertim cum magna ex parte eorum precibus adductus bellum susceperit.

Tum demum Liscus, oratione Caesaris adductus, *quod ante tacuerat,* proponit: esse nonnullos, quorum auctoritas apud plebem plurimum valeat, *qui privatim plus possint, quam ipsi magistratus.* Hos improba oratione multitudinem deterrere, ne frumentum conferant, *quod debeant:* praestare[3], si *iam* principatum Galliae obtinere non possent, Gallorum quam Romanorum imperia perferre; neque dubitare debeant, quin, *si Helvetios superaverint*, Romani *una cum reliqua Gallia* Haeduis libertatem sint erepturi. 153 W.

[1] **ducere** hier: verzögern; an der Nase herumführen
[2] **emi** … **sumi** Inf. Pass.; erg. das Subjekt aus dem Kontext
[3] **praestat** es ist besser

1 Wodurch nimmt der Versorgungsengpass dramatische Formen an?
2 Was berichtet Liscus über die Stimmung innerhalb seines Stammes?
3 *conferri, comportari, adesse* (Z. 3/3 f./5) – um welche Stilfiguren handelt es sich, und was stellt Caesar damit deutlich heraus?
4▪ Wie beurteilt Liscus selbst die Argumentation der Romgegner?
5▪ Zeigt, wie der zweite Abschnitt unter Verwendung von Stilfiguren (z. B. Alliteration, Antithese, Chiasmus, Prolepsis) stilistisch gestaltet ist.

Römische Legionäre bei der Getreideernte
Trajansäule, Reliefband

13. Der Hass des Dumnorix

▶ Gr Funktionen des Ablativs

Ab isdem, ait Liscus, nostra consilia quaeque in castris gerantur, hostibus enuntiari. Intellegere se, quanto cum periculo haec Caesari enuntiaverit, et ob eam causam diu tacuisse.

Caesar hanc orationem Lisci ad Dumnorigem pertinere sentiebat. Itaque celeriter concilium dimittit, Liscum retinet. Quaerit ex solo ea, quae in concilio dixerat. Eadem sine teste ab aliis quaerit, reperit esse vera: ipsum esse Dumnorigem, magna apud plebem propter liberalitatem[1] gratia. Magnum numerum equitatus semper alere et circum se habere, ex Helvetiis uxorem habere, odisse Caesarem et Romanos. 83 W.

[1] **liberalitas** Freigebigkeit

Ab isdem, ait Liscus, nostra consilia quaeque in castris gerantur, hostibus enuntiari; *hos a se retineri non posse. Quin etiam* intellegere sese, quanto cum periculo *necessariam rem* Caesari enuntiaverit, et ob eam causam diu tacuisse.

Caesar hanc orationem Lisci ad Dumnorigem, *Diviciaci fratrem*, pertinere sentiebat, *sed quod pluribus praesentibus eas res agitari nolebat,* celeriter concilium dimittit, Liscum retinet. Quaerit ex solo ea, quae in concilio dixerat. *Dicit liberius atque audacius.* Eadem sine teste ab aliis quaerit; reperit esse vera: ipsum esse Dumnorigem, *summa audacia*, magna apud plebem propter liberalitatem[1] gratia, *cupidum rerum novarum*[2]. Magnum numerum equitatus semper alere et circum se habere, ex Helvetiis uxorem habere; odisse Caesarem et Romanos, *quod eorum adventu potentia eius de-minuta et Diviciacus frater in antiquum locum sit restitutus.* 124 W.

[1] **liberalitas** Freigebigkeit
[2] **res novae** Neuerungen; Revolution, Staatsstreich

Ab isdem, ait Liscus, nostra consilia quaeque in castris gerantur, hostibus enuntiari; hos a se retineri non posse. Quin etiam, *quod* necessariam rem *coactus* Caesari enuntiaverit, intellegere sese, *quanto id cum periculo fecerit*, et ob eam causam, *quamdiu potuerit*, tacuisse.

Caesar *hac oratione* Lisci Dumnorigem, Diviciaci fratrem, *designari*[1] sentiebat, sed quod pluribus praesentibus eas res agitari nolebat, celeriter concilium dimittit, Liscum retinet. Quaerit ex solo ea, quae in *conventu* dixerat. Dicit liberius atque audacius. Eadem *secreto* ab aliis quaerit; reperit esse vera: ipsum esse Dumnorigem, summa audacia, magna apud plebem propter liberalitatem[2] gratia, cupidum rerum novarum[3], *complures annos omnia Haeduorum vectigalia*[4] *parvo pretio red-empta habere. His rebus et suam rem familiarem*[5] *auxisse et facultates ad largiendum*[6] *magnas comparasse*, magnum numerum equitatus *suo sumptu* semper alere et circum se habere, ex Helvetiis uxorem habere; odisse *etiam suo nomine* Caesarem et Romanos, quod eorum adventu potentia eius deminuta et Diviciacus frater in antiquum locum *gratiae atque honoris* sit restitutus.

157 W.

[1] **designare** bezeichnen, anspielen auf
[2] **liberalitas** Freigebigkeit
[3] **res novae** Neuerungen; Revolution, Staatsstreich
[4] **vectigalia, um** Steuern
[5] **res familiaris** Vermögen
[6] **largiri** schenken, bestechen

1 *concilium dimittit, Liscum retinet* (Z. 5/7) – erläutert an diesem Beispiel die Begriffe Parallelismus, Antithese und Asyndeton.

2 Weshalb befragt Caesar Liscus und andere unter Ausschluss der Öffentlichkeit?

3 Worauf beruht der Einfluss des Dumnorix?

4▪ Warum hasst Dumnorix die Römer?

5▪ Welche Begriffe verwendet Caesar am Ende des Textes, um die unterschiedliche Art der Macht von Dumnorix und Diviciacus zu bezeichnen?

14. Die Schandtaten des Dumnorix

▶ Gr quod

Si quid accidat Romanis, ait Liscus, Dumnorigem in spem regni obtinendi venire, imperio populi Romani autem de regno desperare. Reperiebat etiam in quaerendo Caesar, a Dumnorige atque eius equitibus factum esse initium fugiendi ex eo proelio, quod paucis ante diebus factum esset, atque eorum fuga reliquum equitatum perterritum esse. Quibus rebus cognitis, cum ad has suspiciones certissimae res accederent, satis esse causae arbitrabatur, quare in eum aut ipse animadverteret aut civitatem animadvertere iuberet. His omnibus rebus unum repugnabat[1], quod verebatur, ne eius supplicio Diviciaci animum offenderet[2].

84 W.

[1] **repugnare** entgegenstehen
[2] **offendere** verletzen, kränken

Si quid accidat Romanis, ait Liscus, Dumnorigem *summam* in spem regni obtinendi venire; imperio populi Romani *non modo* de regno, sed *etiam de ea, quam habeat, gratia* desperare.

Reperiebat etiam in quaerendo Caesar, a Dumnorige atque eius equitibus factum esse initium fugiendi ex eo proelio *equestri*, quod paucis ante diebus factum esset, – *nam equitatui, quem auxilio Caesari Haedui miserant, Dumnorix praeerat* – atque eorum fuga reliquum equitatum perterritum esse.

Quibus rebus cognitis, cum ad has suspiciones certissima res accederet, *quod per fines Sequanorum Helvetios traduxisset*, satis esse causae arbitrabatur, quare in eum aut ipse animadverteret aut civitatem animadvertere iuberet.

His omnibus rebus unum repugnabat[1], quod *Diviciaci fratris egregiam fidem cognoverat*; *nam* ne eius supplicio Diviciaci animum offenderet[2], verebatur.

119 W.

[1] **repugnare** entgegenstehen
[2] **offendere** verletzen, kränken

■ Si quid accidat Romanis, ait Liscus, Dumnorigem summam in spem *per Helvetios* regni obtinendi venire; imperio populi Romani non modo de regno, sed etiam de ea, quam habeat, gratia desperare. Reperiebat etiam in quaerendo Caesar, *quod proelium equestre adversum*[1] paucis ante diebus esset factum, *initium eius fugae* factum ab Dumnorige atque eius equitibus – nam equitatui, quem auxilio Caesari Haedui miserant, Dumnorix praeerat; eorum fuga reliquum esse equitatum perterritum.
Quibus rebus cognitis, cum ad has suspiciones certissimae res[2] accederent, quod per fines Sequanorum Helvetios traduxisset, *quod obsides inter eos dandos curasset*[3], *quod ea omnia non modo iniussu*[4] *suo et civitatis, sed etiam in-scientibus ipsis fecisset, quod a magistratu Haeduorum accusaretur*, satis esse causae arbitrabatur quare in eum aut ipse animadverteret aut civitatem animadvertere iuberet.
His omnibus rebus unum repugnabat[5] quod Diviciaci fratris *summum in populum Romanum studium, summam in se voluntatem*, egregiam fidem, *iustitiam, temperantiam* cognoverat; nam ne eius supplicio Diviciaci animum offenderet[6], verebatur. 152 W.

[1] **adversus** hier: ungünstig, unglücklich
[2] **certissimae res** K. certissimae res … quod … traduxisset … curasset … fecisset … accusaretur
[3] **dandos curasset** (s. Gerundiv, S. 73)
[4] **iniussu (Abl.)** ohne Befehl
[5] **repugnare** entgegenstehen
[6] **offendere** verletzen, kränken

1 Warum zögert Caesar noch, entsprechende Maßnahmen gegen Dumnorix zu ergreifen?

2■ Was hat sich Dumnorix zuschulden kommen lassen?

3■ Den Anfang des zweiten Abschnittes bildet eine lange Periode. Was ist in diesem Fall das tragende Strukturelement, da hier einmal kaum Partizipialkonstruktionen vorkommen?

4■ Untersucht mit Hilfe des Lexikons die Bedeutung(en) der positiven Eigenschaften, die Caesar Diviciacus zuschreibt.

15. Bruderliebe und politisches Kalkül

▶ Gr indirekte Rede; quisque, quisquam

Itaque, priusquam quicquam conaretur, Caesar Diviciacum ad se vocari iubet et cum eo con-loquitur; ostendit, quae de Dumnorige sint dicta. Petit, ut sine eius offensione[1] animi vel ipse de eo statuat vel civitatem statuere iubeat.

Diviciacus Caesarem obsecrare coepit, ne quid gravius in fratrem statueret: scire se illa esse vera, sese tamen existimatione vulgi commoveri. Quod si quid ei a Caesare gravius accidisset, neminem existimaturum id non sua voluntate factum. Qua ex re futurum, uti totius Galliae animi a se averterentur. 81 W.

[1] **offensio** Verletzung, Kränkung

Itaque, priusquam quicquam conaretur, Caesar Diviciacum ad se vocari iubet et *per C. Valerium Troucillum, familiarem suum*, cum eo con-loquitur; *simul proponit,* quae *ipso praesente in concilio Gallorum* de Dumnorige sint dicta. Petit *atque hortatur*, ut sine eius offensione[1] animi vel ipse de eo *causa cognita* statuat vel civitatem statuere iubeat. Diviciacus Caesarem obsecrare coepit, ne quid gravius in fratrem statueret: scire se illa esse vera, *nec quemquam ex eo[2] plus quam se doloris capere*. Sese tamen *et amore fraterno* et existimatione vulgi commoveri. Quod si quid ei a Caesare gravius accidisset, *cum ipse eum locum amicitiae apud eum teneret,* neminem existimaturum non sua voluntate factum. Qua ex re futurum, uti totius Galliae animi a se averterentur. 117 W.

[1] **offensio** Verletzung, Kränkung
[2] **ex eo** auf Grund dieser Tatsache

Itaque, priusquam quicquam conaretur, Caesar Diviciacum ad se vocari iubet et per C. Valerium Troucillum, familiarem suum, cum eo conloquitur; simul proponit, quae ipso praesente in concilio Gallorum de Dumnorige sint dicta, *et ostendit, quae quisque de eo apud se dixerit.* Petit atque hortatur, ut sine eius offensione[1] animi vel ipse de eo causa cognita statuat vel civitatem statuere iubeat.

Diviciacus *multis cum lacrimis* Caesarem *complexus*[2] obsecrare coepit, ne quid gravius in fratrem statueret: scire se illa esse vera, nec quemquam ex eo[3] plus quam se doloris capere, *propterea quod*[4], *cum ipse gratia plurimum domi atque in reliqua Gallia, ille minimum propter adulescentiam posset, per se crevisset, quibus opibus non solum ad minuendam gratiam, sed paene ad perniciem suam uteretur.* Sese tamen et amore fraterno et existimatione vulgi commoveri. Quod si quid ei a Caesare gravius accidisset, cum ipse eum locum amicitiae apud eum teneret, neminem existimaturum non sua voluntate factum. Qua ex re futurum, uti totius Galliae animi a se averterentur. 162 W.

---

[1] **offensio** Verletzung, Kränkung
[2] **complecti, complexus sum** umarmen
[3] **ex eo** auf Grund dieser Tatsache
[4] K. quod (Dumnorix), cum ipse (Diviciacus) … ille (Dumnorix) … posset, per se (Diviciacus) crevisset

1 Wie geht Caesar nun vor?

2▪ Warum verzichtet er wohl bei der Unterredung mit Diviciacus auf die üblichen Dolmetscher?

3 Mit welchen Mitteln bittet Diviciacus Caesar um Milde?

4▪ Passt der Satz in Z. 8 ff. zu Diviciacus und zu dem, was er zu sagen hat?

Silbermünze des Dumnorix, keltisch, um 60/50 v. Chr.

16. Die Entmachtung des Dumnorix

▶ LWS/SpWS/Gr Genitiv des Wertes

Haec cum Diviciacus a Caesare peteret, Caesar rogat, ut finem orandi faciat; tanti apud se gratiam esse ostendit, uti suum dolorem eius precibus con-donet. Dumnorigem ad se vocat, quae in eo reprehendat, ostendit; monet, ut in reliquum tempus omnes suspiciones vitet.
Certior factus hostes sub monte consedisse, aliquos misit, qui cognoscerent, qualis esset ascensus[1]. Re-nuntiatum est facilem esse. T. Labienum legatum cum duabus legionibus summum iugum montis ascendere[2] iubet. Ipse eodem itinere, quo hostes ierant, ad eos contendit equitatumque ante se mittit. 82 W.

[1] **ascensus** (Möglichkeit des) Besteigen(s)
[2] **ascendere** besteigen, hinaufsteigen zu

Haec cum Diviciacus *pluribus verbis* a Caesare peteret, Caesar *eius dextram prehendit*; rogat, finem orandi faciat; tanti apud se gratiam esse ostendit, uti *et rei publicae iniuriam et* suum dolorem eius precibus con-donet. Dumnorigem ad se vocat, quae in eo reprehendat, ostendit; *quae civitas queratur proponit*; monet, ut in reliquum tempus omnes suspiciones vitet. *Dumnorigi custodes ponit, ut quae agat, quibuscum loquatur, scire possit.*
Eodem die certior factus hostes sub monte consedisse *milia passuum ab ipsius castris octo*, aliquos misit, qui cognoscerent, qualis esset *natura montis* et qualis ascensus[1]. Renuntiatum est facilem esse. *De*[2] *tertia vigilia* T. Labienum legatum cum duabus legionibus summum iugum montis ascendere[3] iubet. Ipse eodem itinere, quo hostes ierant, ad eos contendit equitatumque *omnem* ante se mittit. 121 W.

[1] **ascensus** (Möglichkeit des) Besteigen(s)
[2] **de** hier: von … an; mit Beginn
[3] **ascendere** besteigen, hinaufsteigen zu

Haec cum Diviciacus pluribus verbis *flens* a Caesare peteret, Caesar eius dextram prehendit; *consolatus*[1] rogat, finem orandi faciat; tanti apud se gratiam esse ostendit, uti et rei publicae iniuriam et suum dolorem eius *voluntati ac* precibus condonet. Dumnorigem ad se vocat, *fratrem adhibet*; quae in eo reprehendat, ostendit; *quae ipse intellegat*, quae civitas queratur, proponit; monet, ut in reliquum tempus omnes suspiciones vitet; *praeterita se Diviciaco fratri condonare dicit.* Dumnorigi custodes ponit, ut quae agat, quibuscum loquatur, scire possit.
Eodem die *ab exploratoribus* certior factus hostes sub monte consedisse milia passuum ab ipsius castris octo, qualis esset natura montis et qualis *in circuitu*[2] ascensus[3] *qui cognoscerent misit.* Renuntiatum est facilem esse. De[4] tertia vigilia T. Labienum legatum *pro praetore* cum duabus legionibus *et iis ducibus, qui iter cognoverant,* summum iugum montis ascendere[5] iubet; *quid sui consilii sit, ostendit.* Ipse *de*[4] *quarta vigilia* eodem itinere, quo hostes ierant, ad eos contendit equitatumque omnem ante se mittit. 156 W.

[1] **consolari** trösten
[2] **in circuitu** auf allen Seiten
[3] **ascensus** (Möglichkeit des) Besteigen(s)
[4] **de** hier: von … an; mit Beginn
[5] **ascendere** besteigen, hinaufsteigen zu

1 Wie verfährt Caesar mit Dumnorix?

2 Was beabsichtigt Caesar offenbar, nachdem er davon unterrichtet wurde, dass die Helvetier Halt gemacht haben?

3▪ *Dumnorigem … scire possit* (Z. 4ff.). – Welchen Eindruck vermittelt die sprachliche Gestaltung dieses Abschnittes hinsichtlich der Art, wie Caesar den Fall behandelt?

17. Versagen eines Kundschafters

▶ SpWS

P. Considius cum exploratoribus praemittitur. Prima luce, cum summus mons a Labieno teneretur, ipse ab hostium castris non longius mille et quingentis passibus abesset, P. Considius ad eum accurrit, dicit montem ab hostibus teneri: id se a Gallicis armis cognovisse. Caesar suas copias in proximum collem subducit, aciem instruit. Labienus, ut erat ei praeceptum a Caesare, monte occupato nostros exspectabat proelioque abstinebat[1]. Postea Caesar cognovit et montem ab suis teneri et Helvetios castra movisse; hostes sequitur et milia passuum tria ab eorum castris castra ponit. 85 W.

[1] **abstinere aliqua re** sich einer Sache enthalten, etwas nicht tun

P. Considius, *qui rei militaris peritissimus*[1] *habebatur,* cum exploratoribus praemittitur. Prima luce, cum summus mons a Labieno teneretur, ipse ab hostium castris non longius mille et quingentis passibus abesset *neque ipsius adventus cognitus esset*, P. Considius ad eum accurrit, dicit montem, *quem a Labieno occupari voluerit*, ab hostibus teneri: id se a Gallicis armis cognovisse. Caesar suas copias in proximum collem subducit, aciem instruit. Labienus, ut erat ei praeceptum a Caesare, *ne proelium committeret, nisi ipsius*[2] *copiae prope hostium castra visae essent*, monte occupato nostros exspectabat proelioque abstinebat[3]. Postea Caesar cognovit et montem ab suis teneri et Helvetios castra movisse *et Considium timore perterritum, quod non vidisset, pro viso renuntiavisse. Eo die* hostes sequitur et milia passuum tria ab eorum castris castra ponit. 123 W.

[1] **peritus (m. Gen.)** erfahren (in)
[2] **ipse** = Caesar
[3] **abstinere aliqua re** sich einer Sache enthalten, etwas nicht tun

P. Considius, qui rei militaris peritissimus[1] habebatur, cum exploratoribus praemittitur. Prima luce, cum[2] summus mons a Labieno teneretur, ipse ab hostium castris non longius mille et quingentis passibus abesset neque, *ut postea ab captivis comperit, aut* ipsius adventus *aut Labieni* cognitus esset, P. Considius *equo admisso* ad eum accurrit, dicit montem, quem a Labieno occupari voluerit, ab hostibus teneri: id se a Gallicis armis *atque insignibus*[3] cognovisse. Caesar suas copias in proximum collem subducit, aciem instruit. Labienus, ut erat ei praeceptum a Caesare, ne proelium committeret, nisi ipsius[4] copiae prope hostium castra visae essent, *ut undique uno tempore in hostes impetus fieret*, monte occupato nostros exspectabat proelioque abstinebat[5]. *Multo*[6] *denique die*[6] *per exploratores* Caesar cognovit et montem ab suis teneri et Helvetios castra movisse et Considium timore perterritum, quod non vidisset, pro viso renuntiavisse. Eo die *quo consueverat intervallo* hostes sequitur et milia passuum tria ab eorum castris castra ponit. 151 W.

---

[1] **peritus (m. Gen.)** erfahren (in)
[2] K. cum … mons … teneretur, ipse … abesset neque … adventus … cognitus esset
[3] **insigne, is n.** Abzeichen
[4] **ipse** = Caesar
[5] **abstinere aliqua re** sich einer Sache enthalten, etwas nicht tun
[6] **multo die** spät am Tage

1 Wieso wäre offenbar die Gelegenheit zum Angriff günstig gewesen?

2▪ Welchen Eindruck gewinnt der Leser dadurch, dass Considius aus Angst Caesar falsch informiert?

3▪ *Prima luce … cognovisse* (Z. 2 ff.). – Inwieweit entspricht diese komplizierte Periode mit dem dreigliedrigen cum-Satz dem Inhalt?

4▪ Mit welchen genauen Zeitangaben gliedert Caesar seinen Bericht in Text 16 und 17?

18. Vorbereitungen zur Schlacht

▶ SpWS

Postridie eius diei, quod exercitui frumentum distribuere oportebat, et quod a Bibracte, oppido Haeduorum, non amplius milibus passuum XVIII aberat, rei frumentariae prospiciendum existimans Bibracte ire contendit. Ea res hostibus nuntiatur. Helvetii, quod timore perterritos Romanos discedere a se existimarent, itinere converso nostros a novissimo agmine insequi coeperunt.
Postquam id animadvertit, copias suas Caesar in proximum collem subducit et in colle medio aciem instruxit. In summo iugo duas legiones, quas in Gallia citeriore conscripserat conlocari, interea sarcinas in unum locum conferri iussit. 82 W.

Postridie eius diei, quod *omnino biduum supererat, cum* exercitui frumentum distribuere oporteret, et quod a Bibracte, oppido Haeduorum *longe maximo*, non amplius milibus passuum XVIII aberat, rei frumentariae prospiciendum existimans *iter ab Helvetiis avertit ac* Bibracte ire contendit. Ea res hostibus nuntiatur. Helvetii, quod timore perterritos Romanos discedere a se existimarent, *eo magis quod pridie superioribus locis occupatis proelium non commisissent*, itinere converso nostros a novissimo agmine insequi *ac lacessere* coeperunt.
Postquam id animadvertit, copias suas Caesar in proximum collem subducit *equitatumque, qui sustineret hostium impetum, misit. Ipse interim* in colle medio aciem instruxit. In summo iugo duas legiones, quas in Gallia citeriore conscripserat, *et omnia auxilia* conlocari, interea sarcinas in unum locum conferri *et eum ab his, qui in superiore acie constiterant, muniri* iussit. 125 W.

Postridie eius diei, quod omnino biduum supererat, cum exercitui frumentum distribuere oporteret, et quod a Bibracte, oppido Haeduorum longe maximo *et copiosissimo*, non amplius milibus passuum XVIII aberat, rei frumentariae prospiciendum existimans iter ab Helvetiis avertit ac Bibracte ire contendit. Ea res *per fugitivos*[1] hostibus nuntiatur. Helvetii *seu*[2] quod timore perterritos Romanos discedere a se existimarent, eo magis quod pridie superioribus locis occupatis proelium non commisissent, *sive eo, quod re frumentaria intercludi*[3] *posse confiderent, commutato consilio atque* itinere converso nostros a novissimo agmine insequi ac lacessere coeperunt.

Postquam id animadvertit, copias suas Caesar in proximum collem subducit equitatumque, qui sustineret hostium impetum, misit. Ipse interim in colle medio aciem instruxit. In summo iugo duas legiones, quas in Gallia citeriore *proxime* conscripserat, et omnia auxilia conlocari, *ita uti supra se totum montem hominibus compleret,* interea sarcinas in unum locum conferri et eum ab his, qui in superiore acie constiterant, muniri iussit. 150 W.

[1] **fugitivus** flüchtiger Sklave
[2] K. seu quod … existimarent, … quod … non commisissent … sive eo, quod … confiderent
[3] **intercludere (m. Abl.)** abschneiden (von)

1 Wie interpretieren die Helvetier Caesars neue Marschrichtung und wie reagieren sie darauf?

2 Versucht, die ungewöhnliche Stellung von Caesar im ersten Satz des zweiten Abschnittes zu erklären.

3■ *commutato consilio atque itinere converso* (Z. 8 f.) – welche zwei Stilfiguren finden sich hier?

4■ Welche Überlegungen leiten Caesar wohl bei der Aufstellung seiner Armee?

19. Erbitterte Kämpfe

▶ SpWS/Gr Genitivus obiectivus; Dativ des Zwecks

Helvetii impedimenta in unum locum contulerunt; ipsi phalange facta sub primam nostram aciem successerunt.

Caesar primum suo, deinde omnium equis ex conspectu remotis, proelium commisit. Milites facile hostium phalangem perfregerunt. Tandem Galli vulneribus confecti et pedem referre et, quod mons suberat[1] circiter mille passuum, eo se recipere coeperunt. Boii et Tulingi, qui agmen hostium claudebant, ex itinere nostros adgredi et Helvetii rursus instare coeperunt.

Ita diu atque acriter pugnatum est. Diutius cum sustinere nostrorum impetus non possent, se in montem receperunt 82 W.

---

[1] **sub-** hier: in der Nähe

Helvetii *cum omnibus suis carris secuti* impedimenta in unum locum contulerunt; ipsi *reiecto nostro equitatu* phalange facta sub primam nostram aciem successerunt.

Caesar primum suo, deinde omnium ex conspectu remotis equis, *cohortatus suos* proelium commisit. Milites *e loco superiore* facile hostium phalangem perfregerunt. *Ea disiecta gladiis in eos impetum fecerunt.* Tandem Galli vulneribus confecti et pedem referre et, quod mons suberat[1] circiter mille passuum, eo se recipere coeperunt. *Succedentibus nostris* Boii et Tulingi, qui agmen hostium claudebant, ex itinere nostros *ab latere aperto adgressi circumvenire* et Helvetii, *qui in montem sese receperant*, rursus instare coeperunt.

Ita diu atque acriter pugnatum est. Diutius cum sustinere nostrorum impetus non possent se, *ut coeperant,* in montem *aut ad impedimenta* receperunt. 118 W.

---

[1] **sub-** hier: in der Nähe

Helvetii cum omnibus suis carris secuti impedimenta in unum locum contulerunt; ipsi *confertissima*[1] *acie* reiecto nostro equitatu phalange facta sub primam nostram aciem successerunt.

Caesar primum suo, deinde omnium ex conspectu remotis equis, *ut aequato omnium periculo spem fugae tolleret*, cohortatus suos proelium commisit. Milites e loco superiore *pilis missis* facile hostium phalangem perfregerunt. Ea disiecta gladiis in eos impetum fecerunt. Tandem Galli vulneribus confecti et pedem referre et, quod mons suberat[2] circiter mille passuum, eo se recipere coeperunt. *Capto monte et* succedentibus nostris Boii et Tulingi[3], qui *hominum milibus circiter XV* agmen hostium claudebant *et novissimis praesidio erant*, ex itinere nostros ab latere aperto adgressi circumvenire et *id conspicati* Helvetii, qui in montem sese receperant, rursus instare *et proelium redintegrare*[4] coeperunt.
Ita *ancipiti*[5] *proelio* diu atque acriter pugnatum est. Diutius cum sustinere nostrorum impetus non possent, *alteri* se, ut coeperant, in montem receperunt, *alteri* ad impedimenta *et carros suos se contulerunt*. 153 W.

---

[1] **confertus** dicht geschlossen
[2] **sub-** hier: in der Nähe
[3] K. Boii et Tulingi, qui …, circumvenire et … Helvetii, qui …, instare et redintegrare coeperunt
[4] **redintegrare** wieder beginnen
[5] **anceps, -cipitis** zweiseitig, unentschieden

1 Stellt Vermutungen darüber an, warum Caesar die Pferde entfernen lässt. Was wird dadurch betont?

2■ *Caesar … equis* (Z. 4) – welchen Effekt hat die Nennung von *equis* am Schluss?

3■ *ab latere aperto* (Z. 9/11) – welche Seite muss das sein, wenn man die Bewaffnung der Legionäre bedenkt?

4■ Wodurch kommt es nach Anfangserfolgen der Römer noch einmal zu einer äußerst kritischen Situation?

5■ Ist die Angabe, dass die Boier und Tulinger mit fünfzehntausend Mann den Zug der Helvetier beschließen, von Bedeutung?

20. Flucht der Helvetier

Hoc toto proelio aversum hostem videre nemo potuit. Ad multam noctem etiam ad impedimenta pugnatum est. Diu cum esset pugnatum, impedimentis castrisque nostri potiti sunt. Ex eo proelio circiter milia hominum CXXX superfuerunt, qui tota nocte continenter[1] ierunt. Die quarto in fines Lingonum pervenerunt. Caesar ad Lingones litteras nuntiosque misit, ne eos iuvarent: aliter se eodem loco quo Helvetios eos habiturum.

Tum cum omnibus copiis eos sequi coepit. Helvetii inopia adducti legatos de deditione ad eum miserunt. Qui, cum eum convenissent, flentes pacem petiverunt. 84 W.

[1] **continenter** ununterbrochen

Hoc toto proelio, *cum ab hora septima pugnatum sit,* aversum hostem videre nemo potuit. Ad multam noctem etiam ad impedimenta pugnatum est, *propterea quod e carris in nostros venientes tela coniciebant.* Diu cum esset pugnatum, impedimentis castrisque nostri potiti sunt.

Ibi Orgetorigis filia atque unus e filiis captus est. Ex eo proelio circiter milia hominum CXXX superfuerunt, qui tota nocte continenter[1] ierunt. In fines Lingonum die quarto pervenerunt, *cum propter sepulturam[2] occisorum nostri eos sequi non potuissent.* Caesar ad Lingones litteras nuntiosque misit, ne eos *frumento* iuvarent: aliter se eodem loco quo Helvetios eos habiturum. Tum cum omnibus copiis eos sequi coepit.

Helvetii *omnium rerum* inopia adducti legatos de deditione ad eum miserunt. Qui, cum eum convenissent *seque ad pedes proiecissent,* flentes pacem petiverunt. 124 W.

[1] **continenter** ununterbrochen
[2] **sepultura** Bestattung

Hoc toto proelio, cum ab hora septima *ad vesperum*[1] pugnatum sit, aversum hostem videre nemo potuit. Ad multam noctem etiam ad impedimenta pugnatum est, propterea quod *pro vallo carros obiecerant et e loco superiore* in nostros venientes tela coniciebant. Diu cum esset pugnatum, impedimentis castrisque nostri potiti sunt.

Ibi Orgetorigis filia atque unus e filiis captus est. Ex eo proelio circiter milia hominum CXXX superfuerunt *eaque* tota nocte continenter[2] ierunt. *Nullam partem noctis itinere intermisso* in fines Lingonum die quarto pervenerunt, cum *et propter vulnera militum et* propter sepulturam[3] occisorum nostri *triduum morati* eos sequi non potuissent. Caesar ad Lingones litteras nuntiosque misit, ne eos frumento *neve alia re* iuvarent: *qui si iuvissent*, se eodem loco quo Helvetios habiturum. *Ipse triduo intermisso* cum omnibus copiis eos sequi coepit.

Helvetii omnium rerum inopia adducti legatos de deditione ad eum miserunt. Qui cum eum *in itinere* convenissent seque ad pedes proiecissent, *suppliciter locuti* flentes pacem petiverunt. 156 W.

---

[1] **vesper** Abend
[2] **continenter** ununterbrochen
[3] **sepultura** Bestattung

1 Was führt schließlich zur Kapitulation der Helvetier?

2 Welche Stellung hat Caesar nun offenbar bereits errungen?

3 *circiter milia hominum CXXX* – worauf zielt Caesar wohl mit dieser zweiten Nennung einer Zahl ab?

4 ▪ Warum kann Caesar die fliehenden Helvetier nicht sogleich verfolgen?

5 ▪ In den ersten drei Sätzen verwendet Caesar dreimal das gleiche Verb. Nennt die jeweiligen Formen und erklärt, warum Caesar so verfährt.

21. Kapitulation der Helvetier

Helvetii, cum Caesar eos in eo loco, quo tum essent, suum adventum exspectare iussisset, paruerunt. Eo postquam Caesar pervenit, obsides, arma poposcit. Nocte circiter hominum milia sex eius pagi, qui Verbigenus appellatur, sive timore perterriti, sive spe salutis inducti, e castris Helvetiorum egressi ad Rhenum contenderunt.
Caesar eis, quorum per fines ierant, uti reducerent, imperavit. Reductos in hostium numero habuit; reliquos omnes in deditionem accepit. Helvetios, Tulingos, Latobrigos in fines suos reverti iussit et Allobrogibus imperavit, ut iis frumenti copiam facerent; ipsos oppida restituere iussit. 85 W.

Helvetii, cum Caesar eos in eo loco, quo tum essent, suum adventum exspectare iussisset, paruerunt. Eo postquam Caesar pervenit, obsides, arma, *servos, qui ad eos perfugissent*, poposcit. *Dum ea conquiruntur et conferuntur* nocte circiter hominum milia sex eius pagi, qui Verbigenus appellatur, sive timore perterriti, *ne armis traditis supplicio adficerentur*, sive spe salutis inducti, *quod suam fugam aut occultari aut omnino ignorari posse existimarent*, e castris Helvetiorum egressi ad Rhenum *finesque Germanorum* contenderunt.
Quod ubi Caesar *animadvertit*, eis, quorum per fines ierant, uti *conquirerent et* reducerent, imperavit. Reductos in hostium numero habuit; reliquos omnes in deditionem accepit. Helvetios, Tulingos, Latobrigos in fines suos reverti iussit et Allobrogibus imperavit, ut iis frumenti copiam facerent; ipsos oppida *vicosque, quos incenderant*, restituere iussit. 120 W.

Helvetii, cum Caesar eos in eo loco, quo tum essent, suum adventum exspectare iussisset, paruerunt. Eo postquam Caesar pervenit, obsides, arma, servos, qui ad eos perfugissent, poposcit. Dum ea conquiruntur et conferuntur *nocte intermissa*, circiter hominum milia sex eius pagi, qui Verbigenus appellatur, sive timore perterriti, ne armis traditis supplicio adficerentur, sive spe salutis inducti, quod *in tanta multitudine* suam fugam aut occultari aut omnino ignorari posse existimarent, *prima nocte*[1] e castris Helvetiorum egressi ad Rhenum finesque Germanorum contenderunt.
Quod ubi Caesar animadvertit, quorum per fines ierant, *his* uti conquirerent et reducerent, *si sibi purgati*[2] *esse vellent*, imperavit. Reductos in

hostium numero habuit; reliquos omnes *obsidibus, armis, perfugis*[3] *traditis* in deditionem accepit. Helvetios, Tulingos, Latobrigos in fines suos, *unde erant profecti*, reverti iussit et, *quod omnibus frugibus*[4] *amissis domi nihil erat, quo famem explerent,* Allobrogibus imperavit, ut iis frumenti copiam facerent; ipsos oppida vicosque, quos incenderant, restituere iussit. 148 W.

---

[1] **prima nocte** hier: am Beginn der Nacht
[2] **purgatus** „gereinigt", ohne Mitschuld
[3] **perfuga** Überläufer
[4] **fruges** Feldfrüchte

1 Warum schildert Caesar den erfolglosen Fluchtversuch eines kleinen Stammes?
2 Wie verfährt er mit den Übrigen?
3 *reductos ... reliquos* (Z. 6f./10f.) – weshalb die betonte Anfangsstellung?
4▪ *obsides, arma, servos* (Z. 2f.) – welche Stilfiguren kannst du erkennen?
5▪ *ea* (Z. 3) – um welche Form handelt es sich, und was folgt daraus?

Giovanni Demin (1786–1859): Caesar unterwirft die Helvetier; Fresko (Ausschnitt)

22. Die Abrechnung

▶ LWS

Caesar id ea ratione fecit, quod noluit eum locum vacare[1], ne Germani, qui trans Rhenum incolunt[2], e suis finibus in Helvetiorum fines transirent. Haeduis petentibus, ut Boios in finibus suis collocarent, concessit.

In castris Helvetiorum tabulae repertae sunt litteris Graecis confectae, quibus in tabulis ratio confecta erat, qui numerus domo exisset. Summa omnium fuerunt ad milia trecenta sexaginta octo; ex his, qui arma ferre possent, ad milia nonaginta duo. Eorum, qui domum redierunt, repertus est numerus milium centum et decem. 80 W.

---

1 **vacare** leer stehen, unbewohnt sein
2 **incolere** wohnen

Caesar id ea ratione fecit, quod noluit eum locum, *unde Helvetii discesserant,* vacare[1], ne *propter bonitatem agrorum* Germani, qui trans Rhenum incolunt[2], e suis finibus in Helvetiorum fines transirent. Haeduis petentibus, ut Boios in finibus suis collocarent, concessit. *Quibus illi agros dederunt quosque postea in parem iuris libertatisque condicionem receperunt.*

In castris Helvetiorum tabulae repertae sunt litteris Graecis confectae, quibus in tabulis ratio confecta erat, qui numerus domo exisset. *Quarum omnium rerum summa erat capitum Helvetiorum milia ducenta sexaginta tria, Tulingorum milia XXXVI, Latobrigorum XIV, Rauracorum XXIII, Boiorum XXXII;* ex his, qui arma ferre possent, ad milia nonaginta duo. Summa omnium fuerunt ad milia trecenta sexaginta octo. Eorum, qui domum redierunt, *censu[3] habito, ut Caesar imperaverat,* repertus est numerus milium centum et decem. 123 W.

---

1 **vacare** leer stehen, unbewohnt sein
2 **incolere** wohnen
3 **census** Volkszählung

Caesar id ea *maxime* ratione fecit, quod noluit eum locum, unde Helvetii discesserant, vacare[1], ne propter bonitatem agrorum Germani, qui trans Rhenum incolunt[2], e suis finibus in Helvetiorum fines transirent *et finitimi Galliae provinciae Allobrogibusque essent. Boios* petentibus Haeduis, *quod egregia virtute erant cogniti,* ut in finibus suis collocarent, concessit. Quibus illi agros dederunt quosque postea in parem iuris libertatisque condicionem *atque ipsi erant*, receperunt.
In castris Helvetiorum tabulae repertae sunt litteris Graecis confectae *et ad Caesarem relatae*, quibus in tabulis *nominatim* ratio confecta erat, qui numerus domo exisset *eorum, qui arma ferre possent, et item separatim pueri, senes mulieresque.* Quarum omnium rerum summa erat capitum Helvetiorum milia ducenta sexaginta tria, Tulingorum milia XXXVI, Latobrigorum XIV, Rauracorum XXIII, Boiorum XXXII; ex his, qui arma ferre possent, ad milia nonaginta duo. Summa omnium fuerunt ad milia trecenta sexaginta octo. Eorum, qui domum redierunt, censu[3] habito, ut Caesar imperaverat, repertus est numerus milium centum et decem.

154 W.

[1] **vacare** leer stehen, unbewohnt sein
[2] **incolere** wohnen
[3] **census** Volkszählung

1 Warum sollen die Besiegten ihre alten Gebiete wieder in Besitz nehmen?
2 Welche Schlussfolgerungen sollen die Leser aus den Zahlen ziehen?
3 Wie würde ein solcher Feldzug heute beurteilt?
4■ *ea maxime ratione* (Z. 1) – was wird durch das Hyperbaton unterstrichen?
5■ *Boios petentibus Haeduis* … (Z. 4 f.) – warum wählt Caesar wohl diese, uns etwas gewaltsam erscheinende, Wortfolge?

23. Neue Gefahren?

Bello Helvetiorum confecto totius fere Galliae legati ad Caesarem convenerunt: intellegere sese eam rem non minus ex usu terrae Galliae quam populi Romani accidisse, quod eo consilio domos suas Helvetii reliquissent, uti toti Galliae bellum inferrent imperioque potirentur reliquasque civitates stipendiarias[1] haberent. Petierunt, uti sibi concilium totius Galliae in diem certam indicere liceret. Ea re permissa diem concilio constituerunt.

Eo concilio dimisso principes petierunt, uti sibi de omnium salute cum Caesare agere liceret. Ea re impetrata sese omnes flentes Caesari ad pedes proiecerunt. 83 W.

[1] **stipendiarius** tributpflichtig

Bello Helvetiorum confecto totius fere Galliae legati *principes civitatum* ad Caesarem gratulatum[1] convenerunt: intellegere sese, *tametsi pro veteribus Helvetiorum iniuriis ab his poenas bello repetisset*[2], *tamen* eam rem non minus ex usu terrae Galliae quam populi Romani accidisse, *propterea* quod eo consilio domos suas Helvetii reliquissent, uti toti Galliae bellum inferrent imperioque potirentur *locumque domicilio*[3] *ex magna copia deligerent* reliquasque civitates stipendiarias[4] haberent.

Petierunt, uti sibi concilium totius Galliae in diem certam indicere liceret; *sese habere quasdam res, quas ab eo petere vellent*. Ea re permissa diem concilio constituerunt.

Eo concilio dimisso principes civitatum ad Caesarem *reverterunt* petierunt*que*, uti sibi *in occulto* de omnium salute cum *eo* agere liceret. Ea re impetrata sese omnes flentes Caesari ad pedes proiecerunt. 119 W.

[1] **gratulatum** um Glück zu wünschen (vgl. Gr. Supin)
[2] **poenas repetere ab** jd. bestrafen (eigtl. von jemandem Entschädigung fordern)
[3] **domicilium** Wohnsitz
[4] **stipendiarius** tributpflichtig

Bello Helvetiorum confecto totius fere Galliae legati principes civitatum ad Caesarem gratulatum[1] convenerunt: intellegere sese, tametsi pro veteribus Helvetiorum iniuriis *populi Romani*[2] ab his poenas bello repetisset, tamen eam rem non minus ex usu terrae Galliae quam populi Romani accidisse, propterea quod eo consilio *florentissimis*[3] *rebus* domos suas Helvetii reliquissent, uti toti Galliae bellum inferrent imperioque potirentur locumque domicilio[4] ex magna copia deligerent, *quem ex omni Gallia opportunissimum ac fructuosissimum iudicassent,* reliquasque civitates stipendiarias[5] haberent. Petierunt, uti sibi concilium totius Galliae in diem certam indicere *idque Caesaris voluntate facere* liceret; sese habere quasdam res, quas ab eo petere vellent. Ea re permissa diem concilio constituerunt *et iure iurando, ne quis enuntiaret, nisi quibus communi consilio mandatum esset, inter se sanxerunt*[6].

Eo concilio dimisso *idem* principes civitatum, *qui ante fuerant,* ad Caesarem reverterunt petieruntque, uti sibi *secreto*[7] in occulto de *sua* omnium*que* salute cum eo agere liceret. Ea re impetrata sese omnes flentes Caesari ad pedes proiecerunt. 159 W.

---

[1] **gratulatum** um Glück zu wünschen (s. Gr. Supin)
[2] **populi Romani** Gen. obi.
[3] **florens** blühend, ausgezeichnet
[4] **domicilium** Wohnsitz
[5] **stipendiarius** tributpflichtig
[6] **sancire** heiligen, als unverbrüchlich festsetzen
[7] **secreto** insgeheim, ohne Zeugen

1 Woraus ergibt sich die große Bedeutung, die Caesar und die Römer nun für ganz Gallien haben?

2 Wie wird die Berechtigung des Krieges im Nachhinein unterstrichen?

3 Worauf soll der Leser durch die Bitten der Gallierfürsten um eine geheime Unterredung vorbereitet werden?

4▪ *uti toti Galliae…* (Z. 5 f./6) – nenne die vier Verben, die von *uti* abhängen und erläutere ihre Abfolge.

5▪ Warum beginnt Caesar seinen Bericht nach dem Ende des Krieges mit einem so langen und komplexen Satz in indirekter Rede?

▶ Caesar als Politiker und Feldherr

Vorbemerkung

C. Iulius Caesar war zweifellos einer der genialsten Männer aller Zeiten. Dank seiner unglaublichen Fähigkeiten brillierte er als Politiker, Feldherr und Schriftsteller. Er reformierte die Verwaltung des Reiches und den Kalender, der kaum verändert bis heute gilt. Außerdem konnte er bei aller Härte und allem persönlichen Mut einen schier unwiderstehlichen Charme entfalten.

Seit Augustus sich *Imperator Caesar Augustus* nannte, blieb Caesars Name in der Form „Kaiser“ und „Zar“ der Titel der mächtigsten Herrscher, wohl weil er der erste war, der als Mensch – und nicht als „Gott“ – die Herrschaft über die Welt innehatte.

Über seine historische Bedeutung schreibt Friedrich Klingner:

„Caesar ... hat Gallien erobert und dem Imperium einverleibt, einen bedeutenden Teil der damaligen Welt damit erschlossen, ... unmittelbar danach im Bürgerkrieg das Reich selbst erobert, ... bis er der Herr der Welt war, mächtig wie selten ein Mensch. ... Was er bewirkt hat, ist aus unserem geschichtlichen Erbe nicht mehr wegzudenken und kaum zu entbehren.“ (Klingner, S. 92 f.)

Die grenzenlose Bewunderung des 19. Jahrhunderts gipfelte deshalb in dem ihm von Hegel verliehenen Titel „Geschäftsführer des Weltgeistes“.

Mittlerweile werden die großen Helden der Geschichte jedoch wesentlich kritischer beurteilt. Auch Klingner betont bei aller Bewunderung für die historische Leistung wie problematisch, ja schrecklich das Handeln Caesars häufig war, der sich immer wieder über alle Normen hinwegsetzte, nicht nur über die, die heute allgemein anerkannt werden, sondern sogar über die, die den Römern seiner Zeit heilig waren.

Kurzbiographie

Im Jahre 100 v. Chr. wurde Caesar als Angehöriger des alten Patriziergeschlechtes der Julier geboren.

Als Neffe des Marius, des berühmten Siegers über die Kimbern und Teutonen, gehörte er zur Partei der Popularen und war damit ein Gegner Sullas und der Optimaten, d. h. der Senatspartei.

Im Jahre 84 heiratete er Cornelia, die Tochter des L. Cornelius Cinna, der damals als Gegner Sullas praktisch Alleinherrscher in Rom war.

83 wurde die Tochter Julia geboren.

82 musste Caesar vor Sulla aus Rom fliehen, wurde aber schließlich begnadigt, obwohl er sich geweigert hatte, sich von Cornelia scheiden zu lassen. Sulla soll damals bereits Caesars Bedeutung geahnt und gesagt haben, „in Caesar stecken viele Mariusse" (*Caesari multos Marios inesse*).

Danach nahm Caesar als Offizier erfolgreich an einigen Feldzügen teil.

78 kehrte er nach dem Tod Sullas nach Rom zurück und trat als Redner vor Gericht auf.

75 wurde er bei einer Fahrt nach Rhodos, wo er seine rednerische Ausbildung fortsetzen wollte, von Piraten gefangen, die er nach seiner Freilassung sofort verfolgte und alle kreuzigen ließ.

▶ Textanhang: Text 1, S. 60

Nach seiner Rückkehr absolvierte er die übliche Ämterlaufbahn, wurde 68 Quästor, 65 Ädil und 62 Prätor.

63 wurde er zum pontifex maximus (Oberpriester) gewählt.

Nach seiner Prätur wurde er als Proprätor Statthalter in *Hispania ulterior*.

Allerdings hatte er bis dahin, unter anderem dadurch, dass er prunkvolle Spiele für das Volk veranstaltete, derartige Schulden angehäuft, dass ihn seine Gläubiger erst nach Spanien gehen ließen, als der schwerreiche Crassus für ihn bürgte.

60 kehrte er nach Italien zurück, konnte seine Schulden bezahlen (!), hatte den Titel Imperator erworben und kandidierte für das Konsulat.

Dann gelang es ihm, dem Politiker, den Finanzier Crassus und den großen Feldherrn Pompeius zu veranlassen, mit ihm ein Bündnis einzugehen. Sie vereinbarten, dass in Rom nichts geschehen dürfe, was einer von ihnen nicht billige. Durch diesen geheimen Bund hielten sie die tatsächliche Macht in Händen.

▶ Textanhang: Text 2, S. 60 f.

59 stellte Caesar als Konsul seinen Kollegen Bibulus völlig kalt und setzte gegen den Willen des Senates eine Reihe von Gesetzen durch, die zeigten, dass er schon damals verantwortungsvoll für ganz Italien und das Reich plante.

Da seine Amtshandlungen und Gesetze vielfach aus formalen Gründen anfechtbar waren, wollten ihn seine Gegner nach Ablauf des Konsulats vor Gericht stellen. Um dem zu entgehen, brauchte er eine entsprechende Machtstellung. Auf Antrag eines Volkstribunen erhielt er Gallia Cisalpina und Illyricum mit 3 Legionen auf fünf Jahre als Provinz. Der Senat fügte die *provincia Narbonensis* mit einer Legion hinzu, nachdem der designierte Statthalter verstorben war - vielleicht in der Hoffnung, Caesar werde an den Schwierigkeiten in Gallien scheitern.

58 begab sich Caesar nach Gallien in seine Provinz und begann mit dem Krieg gegen die Helvetier eine Folge ständiger Kämpfe, die schließlich, nachdem seine Statthalterschaft 55 verlängert worden war, 51 mit der Eroberung ganz Galliens endeten.

▶ Textanhang: Text 3, S. 61

Dadurch erwarb Caesar ebenso bedeutenden Ruhm als Feldherr wie Pompeius und verfügte über eine gewaltige, ihm treu ergebene Streitmacht von zehn Legionen.

53 war Crassus im Kampf gegen die Parther gefallen und Pompeius näherte sich in den folgenden Jahren immer mehr Caesars Gegnern an, die ihn vor Gericht stellen wollten. Caesar versuchte immer wieder, zu einer Kompromisslösung zu kommen, aber ohne Erfolg.

49 forderte der Senat ultimativ, Caesar müsse sein Heer entlassen, und übertrug Pompeius diktatorische Vollmachten.

Da sah Caesar keine Möglichkeit zu einer Einigung mehr und eröffnete den Bürgerkrieg, indem er gegen das gesetzliche Verbot mit seinen Trup-

pen den Grenzfluss Rubicon überschritt. Sein berühmter Ausspruch *alea iacta est* („der Würfel ist geworfen") beweist, dass er sich bewusst war, ein hochriskantes Spiel mit ungewissem Ausgang begonnen zu haben.
▶ Textanhang: Text 4, S. 61 f.
Er gewann rasch Italien und Spanien, während Pompeius nach Griechenland floh.
Währenddessen bemühte er sich immer wieder, mit Pompeius Kontakt aufzunehmen und ein Übereinkommen mit der Senatspartei zu erreichen. Zu diesem Zweck zeigte er sich auch allen Besiegten gegenüber so großzügig, dass seine Milde, die *clementia Caesaris,* geradezu sprichwörtlich wurde. Die Gegenseite verweigerte sich aber hartnäckig allen Gesprächen.
Dann wurde er durch den Prätor M. Aemilius Lepidus zum Diktator ernannt und konnte so legal Wahlen ansetzen, bei denen er zum Consul des Jahres 48 gewählt wurde.
In Griechenland kam es bei Dyrrhachium zu einem langwierigen Stellungskrieg mit Pompeius. Dem gelang es schließlich, Caesars Linien zu durchbrechen, allerdings vergab er den möglichen Sieg durch zu langes Zögern.
Schließlich kam es im August 48 bei Pharsalos zur Entscheidungsschlacht, die Caesar mit überlegener Strategie gewann, obwohl die Truppen des Pompeius fast doppelt so stark waren.
Pompeius floh nach Ägypten, wo er bei seiner Ankunft ermordet wurde. Caesar war darüber entsetzt, wohl auch, weil er damit die letzte Möglichkeit verloren hatte, seine Herrschaft durch eine Versöhnung mit Pompeius zu legalisieren.
Caesar segelte ebenfalls nach Ägypten, besetzte Alexandria, begann seine leidenschaftliche Liebesbeziehung mit Kleopatra und entschied den Thronstreit zwischen ihrem Bruder Ptolemaios und ihr zu ihren Gunsten. Nach erheblichen Schwierigkeiten, die ihn sogar in Lebensgefahr brachten, konnte er im März 47 die Ägypter endgültig besiegen und Kleopatra als Königin einsetzen.
Im gleichen Jahr besiegte er ein starkes Heer der Optimaten in der Provinz *Africa.*

46 kehrte er nach Rom zurück, feierte einen Triumph, empfing zahlreiche Ehrungen und begann mit innenpolitischen Reformen.
45 beendete er mit einem Sieg über die Söhne des Pompeius in Spanien den Bürgerkrieg endgültig.
Caesar war nun Alleinherrscher im Imperium und wurde zum Diktator auf Lebenszeit ernannt.
Am 15. Februar 44 erschien er beim Lupercalienfest in altrömischer Königstracht mit einem goldenen Kranz. Obwohl er das von M. Antonius angebotene Diadem ablehnte, war damit für die Senatsopposition das Maß des Erträglichen endgültig überschritten. Rund 60 Republikaner beschlossen, ihn zu ermorden und erdolchten ihn an den Iden des März. Unter seinen Mördern waren zahlreiche Männer, die er während des Bürgerkrieges begnadigt hatte – eine tragische Ironie der Geschichte.

▶ Caesar als Schriftsteller

Caesar erhielt die für vornehme junge Römer seiner Zeit übliche Ausbildung als Redner, unter anderem auch bei dem berühmten Rhetoriklehrer Molon in Rhodos, und machte sich einen Namen als hervorragender Redner vor Gericht.
Seinem Wesen entsprechend gab er sich aber nicht damit zufrieden, von anderen etwas über Rhetorik zu lernen, sondern beschäftigte sich selbst intensiv mit grundsätzlichen sprachlichen Fragen. Die Frucht dieser Studien war seine Schrift *de analogia,* in der er Regeln für den korrekten Gebrauch der lateinischen Sprache formulierte. Hinsichtlich der richtigen Wahl der Worte war sein erklärtes Ziel die *elegantia*, das Gebrauchen des jeweils genau passenden Ausdrucks, im Gegensatz zu einem Stil, der mit raffinierter und ungewöhnlicher Wortwahl beeindrucken wollte. Sein Rat war: „Meide ungebräuchliche und auffallende Wörter wie Klippen" (*tamquam scopulum sic fugias infrequens atque insolens verbum, De anal.* 1 *frg.* 2).
Mit Ausnahme weniger Fragmente der Reden und anderer Schriften sind nur die *commentarii rerum gestarum*, die Berichte über seine Taten, erhalten, die die Überlieferung *commentarii de bello Gallico* und *commentarii de bello civili* genannt hat.

Die Geschichte des gallischen Krieges besteht aus sieben Büchern, in denen jeweils die Ereignisse eines Jahres dargestellt sind. Caesar hat das Werk auch selbst herausgegeben, nach Meinung der meisten Fachleute in der jetzigen Form wohl erst gegen Ende seines Aufenthaltes in Gallien. Das achte Buch verfasste Aulus Hirtius, ein hoher Offizier Caesars. Der *commentarius* ist eigentlich keine literarische Gattung, der Terminus bezeichnet ursprünglich ein Gedächtnisprotokoll bzw. einen amtlichen Bericht. Man darf also wohl davon ausgehen, dass Caesars Schilderungen zunächst Tätigkeitsberichte des Statthalters an den Senat waren. Häufig waren solche *commentarii* auch Stoffsammlungen, die Historiographen im Auftrag bedeutender Männer dazu verwenden sollten, stilistisch ausgefeilte Geschichtswerke zur Verherrlichung der Auftraggeber zu verfassen.

Caesar jedoch verlieh der Form des *commentarius* durch seine Art der Darstellung selbst literarischen Rang.

Dies wurde auch zu seiner Zeit bereits so gesehen. Kein Geringerer als Cicero kam zu dem Ergebnis, Caesars *commentarii* seien höchst anerkennenswert. Ein Urteil, das umso bemerkenswerter ist, weil Cicero selbst einen anderen Stil bevorzugte.

▶ Textanhang: Text 5, S. 63

Auch Aulus Hirtius schließt sich am Beginn des achten Buches Ciceros Meinung hinsichtlich der Brillanz der Darstellung an. Und er fügt noch aus eigener Anschauung hinzu, dass Caesar dieses Werk außerdem mit bewundernswerter Leichtigkeit und Schnelligkeit verfasst habe.

▶ Textanhang: Text 6, S. 63

Caesars *commentarii* waren trotz ihrer literarischen Qualitäten zunächst Berichte des Statthalters und Feldherrn an den Senat, was naturgemäß auch am Stil erkennbar ist: „Caesars Commentarien-Stil ist zutiefst ‚sachlich'....Wichtig ist es, auf den Einfluss des Kanzleistils der Senatsakten hinzuweisen; hierher gehört die Wiederaufnahme eines Wortes des Hauptsatzes im Relativsatz (z.B. *diem, quo die* ...). Zum Amtstil gehört auch die Häufigkeit des ablativus absolutus ... <er> ist nüchtern und gehört zur Sprache militärischer Lageberichte. Ein Merkmal desselben Stils ist auch die oratio obliqua." (M. von Albrecht, S. 81)

Allerdings verändert Caesar diese Vorgaben erheblich. „Caesar bedient sich virtuos und überaus geschickt des traditionellen römischen Kanzleistils mit seinen absoluten Ablativen und seiner indirekten Rede und bringt hiermit eine neue Art von Historiographie hervor.“ (Leeman, S. 121)
Dabei gelingt es Caesar, im Rahmen des *commentarius* seinen ganz eigenen Stil zu entwickeln, der sowohl der Sache angemessen als auch perfekter Ausdruck seiner Persönlichkeit und seines Gestaltungswillens ist. Diesen inneren Zusammenhang zwischen Caesars schnörkellosem Stil und seiner Mentalität hat Klingner klar erkannt: „Caesars Meisterschaft der Sprache, aber auch des Erzählens, beruht auf einer Art Abstraktion, auf Ausschließen, Weglassen und strenger Ordnung des Übrigbleibenden. ... Was nicht zum Planen und Handeln des Heerführers, des Politikers gehört, ist ausgeschieden.“ (Klingner, S. 94 f.)
Allerdings ist davon auszugehen, dass diese Art der Darstellung von Caesar auch bewusst eingesetzt wurde, um sein „image“ zu pflegen. „Ebenso wie im Inhaltlichen dürfen wir aber auch in der mathematischen Klarheit und funktionalen Präzision von Caesars Stil nicht nur eine Selbstoffenbarung, sondern auch ein Stück Selbststilisierung sehen.“ (M. von Albrecht, S. 89) So soll Caesar seinen Stil auch selbst einmal als Sprache eines Imperators (*sermo imperatorius*) bezeichnet haben.
Neben der dadurch erreichten Klarheit und Übersichtlichkeit muss allerdings das Fehlen anschaulicher Schilderungen, z. B. von Kämpfen oder menschlichen Regungen, als Konsequenz dieser Art der Darstellung festgestellt werden.
Auch durch den Wechsel zwischen langen Perioden, in denen Hintergrundinformationen gegeben werden, und kurzen präzisen Sätzen, die den entscheidenden und handelnden Feldherrn zeigen, passt die Darstellung genau zum Inhalt, da sich so „die Gründlichkeit der Vorbereitungen und Überlegungen ... als eine der Vorbedingungen für Caesars rasches und erfolgreiches Handeln“ (M. von Albrecht, S. 86) zeigt.
Schließlich stellt sich noch die Frage nach der Glaubwürdigkeit Caesars. Keineswegs strittig ist, dass Caesar seine *commentarii* nicht zuletzt ver-

fasst hat, um seine Maßnahmen zu rechtfertigen und seine Leistungen ins rechte Licht zu rücken. Allerdings wurde diese Tendenz in der Forschung manchmal überbetont, bis zu dem Vorwurf, er habe durch seine Art der Darstellung vor allem beabsichtigt, den Leser zu manipulieren. Dagegen lässt sich sagen, dass er es sich keinesfalls leisten konnte, sein Ziel dadurch zu erreichen, dass er Tatsachen verdrehte und unwahre Behauptungen aufstellte, da seine innenpolitischen Gegner ihrerseits über die Vorkommnisse in Gallien mit Sicherheit ebenfalls bestens informiert waren.

Wenn er die Dinge nüchtern und selektiv darstellt, so ist das doch wohl mehr auf seine Mentalität und seine Absicht zurückzuführen, sich immer auf das augenblicklich Wesentlich zu konzentrieren.

▶ Text 1: Sueton, *Caesar* 4 (m. Ausl.)

Rhodum secedere statuit, ut per otium Apollonio Moloni clarissimo tunc dicendi magistro operam daret. Huc dum hibernis iam mensibus traicit, circa Pharmacussam insulam a praedonibus captus est mansitque apud eos quadraginta dies. Numeratis deinde quinquaginta talentis expositus in litore non distulit, quin e vestigio classe deducta persequeretur abeuntis ac redactos in potestatem supplicio, quod saepe illis minatus inter iocum fuerat, adficeret.

Er beschloss, sich nach Rhodos abzusetzen, um dort in Muße bei Apollonius Molo, dem zu jener Zeit berühmtesten Rhetorikprofessor, zu studieren. Während er schon zur Winterzeit dorthin unterwegs war, wurde er nahe der Insel Pharmacussa von Piraten entführt und verbrachte vierzig Tage bei ihnen. Als er schließlich nach Zahlung von fünfzig Talenten an der Küste abgesetzt wurde, ließ er, ohne Zeit zu verlieren, eine Flotte auslaufen, um die Absegelnden augenblicklich zu verfolgen. Nachdem er sie in seine Gewalt gebracht hatte, ließ er sie hinrichten, was er ihnen oft zu ihrer Belustigung angedroht hatte.

▶ Text 2: Sueton, *Caesar* 19 f. (m. Ausl.)

Igitur cum Bibulo consul creatur. Omnibus officiis Gnaeum Pompeium adsectatus est offensum patribus, quod Mithridate rege victo cunctantius confirmarentur acta sua; Pompeioque Marcum Crassum reconciliavit, veterem inimicum, ac societatem cum utroque iniit, ne quid ageretur in re publica, quod displicuisset ulli e tribus.

Er wurde zusammen mit Bibulus zum Konsul gewählt. Mit allen möglichen Gefälligkeiten versuchte er, die Freundschaft von Gnaeus Pompeius zu gewinnen, der über die Senatoren empört war, da sie sich allzu viel Zeit damit ließen, die Verordnungen, die er nach seinem Sieg über den König Mithridates erlassen hatte, zu genehmigen. Er versöhnte Pompeius mit seinem alten Feind Marcus Crassus und schloss mit beiden einen Pakt mit dem Ziel, alle politischen Vorhaben zu verhindern, gegen die einer von ihnen dreien Einwände habe.

Lege autem agraria promulgata obnuntiantem collegam armis Foro expulit ac in eam coegit desperationem, ut, quoad potestate abiret, domo abditus nihil aliud quam per edicta obnuntiaret.
Unus ex eo tempore omnia in re publica et ad arbitrium administravit.

Als er aber sein Gesetz zur Landreform einbrachte, und sein Amtskollege unter Hinweis auf schlechte Vorzeichen Einspruch erhob, ließ er ihn mit Waffengewalt vom Forum vertreiben. Nach dieser Zwangsmaßnahme resignierte Bibulus völlig. Er verließ bis zum Ende seiner Amtszeit sein Haus nicht mehr und erhob nur noch schriftlich Einspruch unter Verweis auf schlechte Vorzeichen.
Von da an erledigte Caesar alle Staatsgeschäfte allein und nach eigenem Ermessen.

▶ Text 3: Sueton, *Caesar* 25 (m. Ausl.)

Gessit autem novis annis, quibus in imperio fuit, haec fere. Omnem Galliam in provinciae formam redegit eique CCCC in singulos annos stipendii nomine inposuit.
Germanos, qui trans Rhenum incolunt, primus Romanorum ponte fabricato adgressus maximis adfecit cladibus; adgressus est et Britannos ignotos antea superatisque pecunias et obsides imperavit.

Das aber war in etwa die Erfolgsbilanz seiner neun Jahre als Oberbefehlshaber: Aus ganz Gallien machte er eine Provinz, der er jährliche Tributzahlungen von vierzig Millionen Sesterzen auferlegte.
Er ließ eine Brücke über den Rhein schlagen und griff als erster Römer die dort lebenden Germanen an und fügte ihnen schwerste Niederlagen zu; er griff auch die bis dahin unbekannten Britannier an, besiegte sie und verlangte von ihnen Tribut und die Stellung von Geiseln.

▶ Text 4: Sueton, *Caesar* 28–31 (m. Ausl.)

Marcus Claudius Marcellus consul, edicto praefatus, de summa re publica acturum, rettulit ad senatum, ut ei succederetur ante tempus, quoniam bello confecto pax esset, ac dimitti deberet victor exercitus; et ne absentis ratio comitiis haberetur.

Der Konsul Marcus Claudius Marcellus kündigte per Edikt an, er wolle Maßnahmen von höchster Bedeutung für die Republik ergreifen, und stellte dann im Senat den Antrag, es solle ein Nachfolger für Caesar vor Ablauf der Amtszeit bestimmt werden, da nach dem Ende des Krieges Frieden herrsche, und sein siegreiches Heer müsse entlassen werden. Außerdem dürfe er als Abwesender bei den Wahlen nicht berücksichtigt werden.

Commotus his Caesar summa ope restitit, partim per intercessores tribunos, partim per Servium Sulpicium alterum consulem.

Verum neque senatu interveniente et adversariis negantibus ullam se de re publica facturos pactionem, transiit in citeriorem Galliam bello vindicaturus si quid de tribunis plebis intercedentibus pro se gravius a senatu constitutum esset.

Cum ergo sublatam tribunorum intercessionem ipsosque urbe cessisse nuntiatum esset, praemissis confestim clam cohortibus, ne qua suspicio moveretur, et spectaculo publico per dissimulationem interfuit et convivio se frequenti dedit.

Consecutusque cohortis ad Rubiconem flumen, qui provinciae eius finis erat, paulum constitit, ac reputans quantum moliretur, conversus ad proximos: „Etiam nunc," inquit, „regredi possumus, quod si ponticulum transierimus, omnia armis agenda erunt." Tunc: „Eatur," inquit, „quo deorum ostenta et inimicorum iniquitas vocat; iacta alea est."

Dadurch sehr beunruhigt leistete Caesar mit allen Mitteln Widerstand, teils dadurch, dass Volkstribunen Einspruch erhoben, teils mit Hilfe des anderen Konsuls, Servius Sulpicius.

Als aber einerseits der Senat nichts zu seinen Gunsten unternahm, und seine Widersacher sich andererseits weigerten, irgendein Übereinkommen mit ihm in politischen Fragen zu treffen, ging er ins diesseitige Gallien. Er war nun zu einem militärischen Vorgehen entschlossen, falls der Senat schärfere Maßnahmen gegen die Volkstribunen beschließen sollte, die sich für ihn einsetzten.

Folglich schickte er unverzüglich seine Kohorten voraus, nachdem ihn die Nachricht erreicht hatte, dass der Einspruch der Volkstribunen missachtet worden war, und sie selbst Rom verlassen hatten. Um keinen Verdacht zu erregen, besuchte er zum Schein eine öffentliche Veranstaltung und nahm an einem Gastmahl mit zahlreichen Gästen teil.

Dann folgte er seinen Kohorten und erreichte sie beim Flüsschen Rubicon, das die Grenze seiner Provinz bildete. Dort blieb er eine Weile stehen und vergegenwärtigte sich die ungeheuere Dimension seines Vorhabens. Dann wandte er sich an die Umstehenden und sagte: „Auch jetzt können wir noch umkehren, aber wenn wir über diese kleine Brücke gegangen sind, müssen nur noch die Waffen sprechen". Dann sagte er: „Die Vorzeichen der Götter und die Ungerechtigkeit unserer Gegner weisen uns den Weg, den wir gehen müssen; der Würfel ist geworfen."

▶ Text 5: Cicero, *Brutus* 262

Nudi enim sunt, recti et venusti, omni ornatu orationis tamquam veste detracta, sed dum voluit alios habere parata, unde sumerent, qui vellent scribere historiam, ineptis gratum fortasse fecit, qui volent illa calamistris inurere; sanos quidem homines a scribendo deterruit: nihil est enim in historia pura et inlustri brevitate dulcius.

Denn sie sind ungekünstelt, ohne Umschweife und angenehm zu lesen, sie haben allen rhetorischen Putz wie ein Gewand abgelegt. Caesar wollte zwar Material für andere zur Verfügung stellen, die ein Geschichtswerk verfassen wollen, aber er hat damit wohl nur Narren etwas Gutes getan, die jene Schriften mit künstlichem Zierrat aufputzen wollen, vernünftige Menschen hat er davon abgeschreckt, denn nichts geht in der Geschichtsschreibung über einfache und klare Kürze.

▶ Text 6: Aulus Hirtius, *De bello Gallico* 8,1 (m. Ausl.)

Constat enim inter omnes nihil tam operose ab aliis esse perfectum, quod non horum elegantia commentariorum superetur. Qui sunt editi, ne scientia tantarum rerum scriptoribus deesset, adeoque probantur omnium iudicio, ut praerepta, non praebita facultas scriptoribus videatur.
Cuius tamen rei maior nostra quam reliquorum est admiratio; ceteri enim quam bene atque emendate, nos etiam quam facile atque celeriter eos perfecerit scimus.

Alle sind sich darüber einig, dass jedes von anderen noch so kunstvoll verfasste Werk durch die Schönheit dieser *commentarii* übertroffen wird. Sie wurden zwar veröffentlicht, um den Geschichtsschreibern so bedeutende Taten zur Kenntnis zu bringen, sie gelten jedoch nach allgemeinem Urteil bereits als so gut, dass sie den Schriftstellern keine Chance geben <etwas besser zu machen>, sondern sie ihnen vielmehr nehmen.
Meine Bewunderung für diese Leistung ist aber noch größer, als die der anderen, denn die wissen nur, wie gut und ausgefeilt Caesar geschrieben hat, ich aber weiß auch, wie mühelos und schnell er alles vollendet hat.

Namensverzeichnis

▶ Geographische Bezeichnungen (s. Karte S. 79)

Alpes	die Alpen
Aquileia	bedeutender Stützpunkt der Römer an der nördlichen Adriaküste
Arar	Nebenfluss der Rhone, heute Saône
Bibracte	Hauptort der Haeduer; später Augustodunum, heute Autun
Gallia (omnis) (Transalpina/ulterior)	Bezeichnung des ganzen Gebietes zwischen Atlantik, Rhein und Pyrenäen
Gallia citerior (Cisalpina)	Oberitalien, die Poebene, seit 191 v. Chr. römische Provinz (gehörte auch zu Caesars Amtsbereich)
(Gallia) provincia (provincia Narbonensis/ulterior)	römische Provinz seit 106 v. Chr., daher heute der Name „Provence“
Genava	Hauptort der Allobroger, heute Genf
lacus Lemannus	der Genfer See (frz. lac Leman)
mons Iura	der Schweizer Jura; Grenze zwischen den Helvetiern und den Sequanern, heute zwischen der Schweiz und Frankreich
(flumen) Rhenus	der Rhein
(flumen) Rhodanus	die Rhone

▶ Volksstämme (s. Karte S. 79)

Allobroges	die Allobroger; mächtiger keltischer Stamm zwischen der Rhone, der Isère und den Alpen; sie waren seit 121 v. Chr. unterworfen, die Römer mussten aber 61 v. Chr. einen Aufstand niederschlagen; ein Teil ihres Gebietes gehört zur römischen Provinz
Ambarri	die Ambarrer; keltischer Stamm zu beiden Seiten der unteren Saône, Verwandte der Haeduer
Boii	die Boier; bedeutender keltischer Stamm, der von den Germanen aus seinem alten Gebiet vertrieben wurde, und von dem eine Gruppe mit den Helvetiern auswandert
Germani	die Germanen; Stämme rechts des Rheins, z. T. auch im keltischen Gebiet links des Rheins

Haedui	die Haeduer; größter gallischer Stamm zwischen Loire und Saône, schon seit 122/121 v. Chr. Verbündete der Römer, die als einziges gallisches Volk vom Senat *fratres consanguineique* genannt wurden
Helvetii	die Helvetier; mächtiger keltischer Stamm in der heutigen Schweiz
Latobrigi	die Latobriger; germanischer (keltischer?) Stamm in der Gegend des Schwarzwaldes, der mit den Helvetiern auswandert
Lingones	die Lingonen; keltischer Stamm auf der Hochebene von Langres
Santones (-i)	die Santonen; keltischer Stamm nördlich der Garonnemündung
Segusiavi	die Segusiaver; keltischer Stamm in der Gegend von Lugdunum (Lyon), unter der Oberhoheit der Haeduer
Sequani	die Sequaner; großes keltisches Volk zwischen Saône, Rhone und Jura
Tolosates	die Tolosaten; keltischer Stamm in der römischen Provinz in der Gegend von Tolosa (Toulouse)
Tulingi	die Tulinger; germanischer Stamm, Nachbarn der Helvetier östlich des Bodensees, die mit ihnen auswanderten
Vocontii	die Vocontier; keltischer Stamm in der römischen Provinz am linken Ufer der Rhone

▶ Personen

L. Cassius	Konsul 107 v. Chr., von den Helvetiern besiegt
Diviciacus	Fürst der Haeduer; Freund der Römer und Caesars
Divico	ein bedeutender Helvetier, Sieger über L. Cassius
Dumnorix	ehrgeiziger Bruder des Diviciacus; Feind der Römer
T. Labienus	bedeutendster Offizier Caesars im Rang eines Proprätors, der als sein Stellvertreter fungierte; später, im Bürgerkrieg, kämpfte er, wie die meisten der adeligen Offiziere, auf Seiten des Pompeius gegen Caesar
Liscus	ein angesehener Haeduer
Orgetorix	bedeutender Adliger der Helvetier, der den Plan zur Auswanderung entwickelt

Wortschatz

Das Basisvokabular der „adeo Wörterliste" ist Voraussetzung für die Lektüre der „blauen" Texte. Außerdem ist für alle Texte der folgende Lernwortschatz wichtig und für die „roten" und „schwarzen" Texte der Caesar-Wortschatz von „adeo plus". Der Spezialwortschatz militärischer Fachbegriffe sollte vor Beginn der Lektüre durchgesehen und bei Bedarf herangezogen werden.

Darüber hinaus sollte man die wichtigsten Elemente und Regeln der Wortbildung kennen (s. z. B. Grammadux S. 152 f., Forma, S. 13 ff.), da auf diese Weise der Wortschatz wesentlich erweitert wird, so kann z. B. die Bedeutung von *magnitudo* erschlossen werden, wenn *magnus* bekannt ist.

Besondere Bedeutung kommt in diesem Zusammenhang den Komposita der sog. unregelmäßigen Verben zu, da sich die Bedeutung in sehr vielen Fällen leicht aus Vorsilbe und Verbum simplex erschließen lässt. Deshalb hier zur Gedächtnisauffrischung eine Zusammenstellung häufig vorkommender Vorsilben und ihrer Bedeutungen:

ab- (a-, abs-)	weg-, ab-
ad- (ac-, at- u. a.)	hinzu-, dabei
circum-	herum-, um-
com- (col-, con-)	zusammen, völlig
de-	herab-, weg-
dis- (di-, dif-)	auseinander-
ex- (e-, ef-)	heraus-
in- (il-, im- u. a.)	hinein-, darauf-, darin-
ob- (oc-, of- u. a.)	entgegen-
per-	(hin)durch-, völlig
prae-	vor(an)-
praeter-	vorbei
pro- (prod-)	(her)vor
re- (red-)	zurück-, wieder-
se-	weg-
sub- (suc-, sus-)	unter-, von unten, in der Nähe, heimlich
trans-	(hin)über

Vorsicht: Es gibt einige Komposita, die von diesen Bedeutungen abweichen und die man sich deshalb besonders einprägen sollte, z. B. *inter-ire* und *per-ire* (untergehen, zugrunde gehen) zu *ire*.

▶ Lernwortschatz

Zahlen

– Zahlen, die nicht dekliniert werden:

quindecim	fünfzehn
sexaginta	sechzig
nonaginta	neunzig

– Hunderterzahlen, die nach der a- und o-Deklination dekliniert werden:

ducenti	zweihundert
trecenti	dreihundert
quingenti	fünfhundert

Größen- und Zeitangaben

passus	„Klafter“, ca. 1,50 m
mille passus	eine Meile, ca. 1,5 km
pes	Fuß, ca. 30 cm
biduum	Zeitraum von 2 Tagen
triduum	Zeitraum von 3 Tagen
hora	Stunde; der Tag wurde von Sonnenaufgang bis Sonnenuntergang in 12 Stunden unterteilt, die je nach Jahreszeit unterschiedlich lang waren
vigilia	Nachtwache; je 3 Stunden in der Zeit von 18 bis 6 Uhr

Für die Lektüre wichtiger Wortschatz

alqm certiorem facere	jd. benachrichtigen
collis	Hügel
concilium	Versammlung
copiae, arum	Truppen; Massen; Mittel, Vermögen; Hab und Gut
domi	zu Hause, in der Heimat

domo	von zu Hause, aus der Heimat
domum	nach Hause, in die Heimat
finitimus	benachbart, Nachbar
iacere, ieci, iactum	werfen (mit den Komposita con-, dis-, pro-, re-icere)
pagus	Gau, Kanton
poenas (per-)solvere	bestraft werden
poenas repetere	bestrafen
postridie (eius diei)	tags darauf
potiri (mit Abl. oder Gen.)	etw. erlangen, an sich reißen
propterea	deswegen
sese = se	
uti = ut	

▶ Spezialwortschatz militärischer Fachbegriffe

acies	Schlachtordnung (s. Abb. S. 71); die Grundstruktur war eine dreifache Gliederung, bei der die Frontreihe von vier Kohorten gebildet wurde, auf die zwei Reihen mit je drei versetzt aufgestellten Kohorten folgten.
agmen	Heer auf dem Marsch (s. Abb. S. 71); die gewöhnliche Marschordnung war: Vorhut (agmen primum), Hauptheer (agmen), Nachhut (agmen novissimum). Der Tross folgte jeder Legion oder wurde bei Gefahr komplett in die Mitte genommen.
agmen novissimum	Nachhut
agmen primum	Vorhut; im Allgemeinen Reiterei und Leichtbewaffnete
auxilia, orum	Hilfstruppen, die meist von Verbündeten gestellt wurden. Zu den Hilfstruppen gehörten die Leichtbewaffneten und die Reiterei.
carrus	Lastwagen (mit vier Rädern)
castellum	Kastell, Bollwerk

castra, orum	Lager (s. Abb. S. 71); es wurde nach einem immer gleichen streng geometrischen Plan angelegt und hatte erhebliche Ausmaße: die „Hauptstraßen" waren ca. 30 Meter breit, der Sicherheitsabstand der Zelte zur Außenbefestigung ca. 60 m! Die Legionäre mussten ein solches Lager jeden Tag ab Mittag errichten. Diese Art des Lagers war eine rein römische Erfindung und hatte große Bedeutung für die Kriegführung und in der Folgezeit als Vorbild für die Anlage von Städten.
castra movere	das Lager abbrechen, weiterziehen
conscribere	in eine Liste eintragen, rekrutieren
deditio	Kapitulation; die Annahme der *deditio* verpflichtete den Sieger, die Unterworfenen zu schonen.
exercitus	Heer; Caesars Heer bestand aus den Kerntruppen, den *legiones*, in denen nur römische Bürger Dienst taten, und den *auxilia*.
explorator	Kundschafter (im Allgemeinen Plural)
equitatus	Reiterei; sie bestand im Allgemeinen aus Hilfskontingenten unterworfener Völker; Caesar hatte vier- bis fünftausend Reiter.
frumentum	Getreide, mit dem die Soldaten Brot und Polenta zubereiteten; die Ration betrug 850 g pro Tag pro Person
fugae se mandare	die Flucht ergreifen
gladius	Schwert, ca. 60 cm lang und zweischneidig, der Legionär trug es an einem Schulterriemen auf der rechten Seite
hiberna, orum	Winterlager; da im Winter kein Krieg geführt wurde, diente es zu einem längeren Aufenthalt und wurde entsprechend stärker befestigt, die Unterkünfte waren keine Zelte, sondern Holzbaracken.
hiemare	im Winterquartier liegen
impedimenta, orum	das schwere Gepäck der Legion, der Tross (schwere Waffen, Baumaterial, Zelte usw., mit Lasttieren)
impeditus	schwer bepackt, nicht kampfbereit
iter	Weg; Marsch, bei dem pro Tag wohl 20 bis 25 km zurückgelegt wurden.
iter magnum	Eilmarsch, bei dem deutlich größere Strecken von 30 km und mehr zurückgelegt wurden

legatus	Gesandter (im Allgemeinen Plural); Unterfeldherr
legatus pro praetore	Stellvertreter des Feldherrn
legio	Legion; die Sollstärke einer Legion war 6000 Mann, sie wurde aber meistens nicht erreicht; die Schätzungen für Caesars Legionen liegen zwischen 3500 und 5000 Mann
oppidum	Stadt, jedoch keine Stadt in unserem Sinn, sondern ein befestigter Platz auf einer Anhöhe als Zufluchtsort für die Bewohner des umliegenden Landes
phalanx, angis	Geschlossene Schlachtreihe, wobei die Schilde der ersten Reihe einander überlappten.
pilum	Wurfspeer (der Legionäre); er war ca. zwei Meter lang und hatte nach einer harten Spitze ein weicheres Metallteil, so dass sich ein Widerhaken bildete.
praesidium	Abteilung als Schutztruppe für Lager, Tross etc.
sarcinae, arum	Gepäck (des Legionärs); es war ca. 20 kg schwer (Lebensmittel, Geräte, Schanzpfähle usw.).
sub iugum mittere	unter das Joch schicken; besondere Schmach für eine geschlagene Truppe: die Soldaten mussten gebückt durch ein aus Lanzen gebildetes Tor gehen.

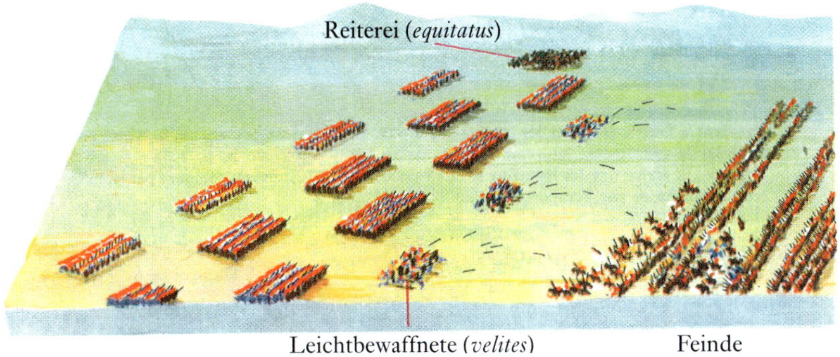

acies
(Quelle: M. Dauron/J. Devisse: Rome et le moyen-age, Paris 1964, S. 11)

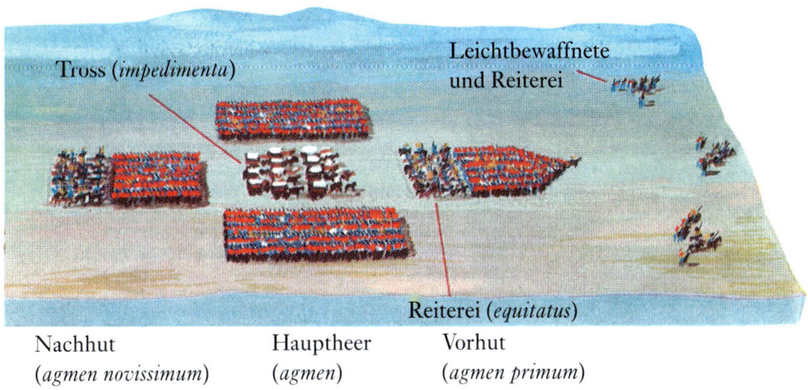

agmen
(Quelle: M. Dauron/J. Devisse: Rome et le moyen-age, Paris 1964, S. 12)

castra
(Quelle: M. Dauron/J. Devisse: Rome et le moyen-age, Paris 1964, S. 13)

Grundwissen: Grammatik

Um die Caesarlektüre zu erleichtern, empfiehlt sich vorab die Auffrischung bestimmter grammatischer Kenntnisse. Aus diesem Grund sind im Folgenden entsprechende Begriffe aufgeführt und an Hand von Beispielen aus unseren Texten erläutert.
Es ist sinnvoll, diese Übersicht vor Beginn der Lektüre einmal durchzulesen, und dann gegebenenfalls darauf zurückzugreifen.
Wenn die Wiederholung eines dieser grammatischen Phänomene für einen Text besonders empfehlenswert ist, so ist dort darauf verwiesen.
Selbstverständlich ist es nötig, eine Grammatik heranzuziehen, wenn die folgende Zusammenstellung nicht ausreicht, so z. B. um die Regeln der indirekten Rede zu wiederholen.
Es empfiehlt sich wegen des häufigen Vorkommens auch, in einer Grammatik zu wiederholen

- logische Partikel wie *ut, cum, quod, quin* etc.
- die Deponentia
- den Infinitiv Futur und das umschreibende Futur
- den Ablativ mit seinen verschiedenen Funktionen.

Generell ist eine Grammatik zur Vertiefung nützlich.

▶ Participium coniunctum

Sehr häufig mit einer Rahmenstellung, wobei Adverbialien zwischen Subjekt oder Objekt und PPP stehen.

- mit Partizip Perfekt Passiv:
  is … cupiditate inductus
  dieser, von Gier getrieben / aus Gier

- mit Partizip Perfekt eines Deponens:
  Caesar … cohortatus suos
  nachdem Caesar die Seinen angefeuert hatte

▶ Gerundium

ad proficiscendum
für den Aufbruch

homines bellandi cupidi
kriegerische Menschen

▶ Gerundiv

ad eas res conficiendas
für die Erledigung dieser Angelegenheiten

non expectandum sibi statuit
er entschied, dass er nicht warten dürfe

pontem … faciendum curat
er lässt eine Brücke bauen

▶ AcI

negat … se posse
er sagt, dass er nicht könne

se paratos esse arbitrati sunt
sie meinten, bereit zu sein

memoria tenebat consulem occisum esse
er erinnerte sich, dass der Konsul getötet worden war

▶ Ablativus absolutus

- mit Partizip Perfekt Passiv:
  omnibus rebus … comparatis
  nachdem alles vorbereitet war
- mit Partizip Praesens Aktiv:
  succedentibus nostris
  während die Unseren nachrückten

▶ Konjunktivische Relativsätze

– mit finalem Sinn:
qui dicerent
die sagen sollten
qua die conveniant
an welchem Tag sie zusammenkommen sollten

– als indirekte Frage:
quas in partes … iter faciant
in welche Gegend sie gingen

▶ Narratives Präsens und narrativer Infinitiv

Caesar verwendet häufig Präsens oder Infinitiv Präsens, um einen raschen Fluss der Darstellung zu erreichen und die Geschehnisse zu vergegenwärtigen.

profectionem … confirmant
sie legten den Abmarsch fest

Haedui … dicere
die Haeduer sagten

▶ Oratio obliqua

Die Regeln der oratio obliqua sollten mit Hilfe einer Grammatik wiederholt werden.
Allerdings finden sich bei Caesar häufig Auslassungen, die besonders erwähnt werden müssen: Er lässt immer wieder Worte weg, die der Leser seiner Meinung nach ohne weiteres ergänzen kann, so z. B. häufig das *esse* beim Infinitiv Futur oder Perfekt Passiv; auch der „Subjektsakkusativ" oder das Objekt im Akkusativ müssen gelegentlich aus dem Kontext erschlossen werden. Bei den folgenden Beispielen sind diese Worte in spitzen Klammern hinzugefügt:
– *memoria tenebat … consulem occisum <esse>*
– er erinnerte sich, dass der Konsul getötet worden war

- *se ... <eos> prohibiturum <esse> ostendit*
- er machte klar, dass er sie abhalten werde
- *neminem existimaturum <esse> <hoc> non sua voluntate factum <esse>*
- niemand werde glauben, dass das ohne seine Zustimmung geschehen sei

▶ Weitere Hinweise zur Sprache Caesars

- Auch auf Demonstrativpronomina wird gelegentlich verzichtet:
  praeter <id> quod
  außer dem, was

- Ebenso sind verkürzte Perfektformen geläufig:
  consu<ev>erunt
  sie sind gewohnt

  compara<vi>sse
  vorbereitet zu haben

- Gewöhnungsbedürftig ist auch eine Besonderheit der Satzstellung. Caesar stellt nämlich häufig Objekte, Relativ- und Finalsätze voraus, um sie zu betonen:

- *reliquas copias ... ut consequi posset*
  um die übrigen Truppen verfolgen zu können

- *quae pars ... ea*
  der Teil, der

- *quod ante tacuerat, <id> proposuit*
  er legte das dar, was er voher verschwiegen hatte

- *ut idem conaretur, persuadet*
  er überredete ihn, das Gleiche zu versuchen

Grundwissen: Stilmittel

Wie bereits oben ausgeführt, ist Caesars Sprache durch den Verzicht auf künstlich hinzugefügten rhetorischen Schmuck gekennzeichnet, dennoch verwendet auch er immer wieder die klassischen Stilmittel, jedoch sparsam und nur dort, wo sie funktional sinnvoll sind, d. h. die Aussage verstärken.

Folgende Stilfiguren kommen in unserem Text vor:

Alliteration (gleicher Anlaut bei kurz aufeinander folgenden Wörtern):
*c*ommutato *c*onsilio atque itinere *c*onverso

Anapher (Wiederholung eines Wortes am Anfang von Satzgliedern bzw. Sätzen):
quae … reprehendat, … *quae* intellegat, … *quae* queratur

Antithese (Gegenüberstellung gegensätzlicher Begriffe):
obsides *accipere*, non *dare*

Asyndeton (unverbundene Wortreihen oder Sätze):
obsides, arma, servos

Chiasmus (Überkreuzstellung von Wörtern oder Wortgruppen):
principatum Galliae … Gallorum quam Romanorum imperia

Ellipse (Weglassen von leicht ergänzbaren Satzgliedern):
consulem occisum <*esse*>

Hyperbaton (Rahmenstellung zusammengehörender Wörter):
aliud *iter* habent *nullum*

Klimax (Folge von Wörtern mit Steigerung der Aussage):
conferri, comportari, adesse

Parallelismus (gleiche Struktur aufeinander folgender Kola (d. h. Satzabschnitte):
concilium dimittit, Liscum retinet

Prolepsis (Voranstellung eines Objektes, Relativsatzes o. ä.):
quod ante tacuerat, proponit

Bibliographie

▶ Text und Kommentare

O. Seel (Hg.): C. Iulii Caesaris Commentarii rerum gestarum. Vol. I. Bellum Gallicum, Bibliotheca Teubneriana, Leipzig 1961

M. Deißmann (Hg.): Caius Iulius Caesar. Der Gallische Krieg, Reclam, Stuttgart 2004

W. Haellingk (Hg.): C. Iulius Caesar. Bellum Gallicum (mit einem Kommentarband) Aschendorff, Münster 1951ff.

G. Hornig (Hg.): C. Iulius Caesar. Commentarii Belli Gallici (mit zwei Kommentarbänden), Diesterweg, Frankfurt a. M. ^{5}1967

F. Maier (Hg.): Caesar. Bellum Gallicum, C.C.Buchner, Bamberg 2000 ff.

F. Maier (Hg.): Caesar. Weltherrscher, C.C.Buchner, Bamberg 2007 ff.

G. Maurach: Caesar. Der Geschichtsschreiber (Kommentar), München 2003

▶ Literatur zur Vertiefung

F. E. Adcock: Caesar als Schriftsteller, Vandenhoeck, Göttingen o. J.

M. von Albrecht: Caesar in: Meister römischer Prosa, Stiehm, Heidelberg 1971, S. 75 ff.

M. Ihm (Hg.): C. Suetonius. De vita Caesarum, Stuttgart/Leipzig 1993

A. Lambert (Hg.): Sueton. Leben der Caesaren, Artemis, Zürich 1955 ff.

A. D. Leeman, Die römische Geschichtsschreibung, in: Fuhrmann (Hg.): Römische Literatur, Frankfurt a. M. 1974, S. 115 ff.

F. Klingner: C. Iulius Caesar in: Römische Geisteswelt, Ellermann, Hamburg 1961 ff., S. 90 ff.

F. Maier (Hg.): Caesar im Unterricht, C.C.Buchner, Bamberg 1983

F. Maier (Hg.): Caesar im Visier, C.C.Buchner, Bamberg 1995

P. Moosburger: Caesar – Meister des Manipulierens in: AU 2/2008, S. 35 ff.

D. Rasmussen (Hg.): Caesar. WBG, Darmstadt 1976

Mit Ausnahme der ersten drei Titel handelt es sich um Aufsätze, bzw. Sammelbände mit Aufsätzen, die sich auch gut für Einzel- und Gruppenreferate eignen.
Zahlreiche weitere Hinweise, auch zu belletristischer und jugendnaher Literatur finden sich in den oben aufgeführten Textausgaben von F. Maier.

▶ Abkürzungsverzeichnis

Abb.	Abbildung
b. G.	De bello Gallico
erg.	ergänze
Gr	Grammatik
K.	Konstruktion
LWS	Lernwortschatz
s.	siehe
S.	Seite
SpWS	Spezialwortschatz militärischer Fachbegriffe
vgl.	vergleiche
Z.	Zeile

▶ Bildnachweis

Archiv für Kunst und Geschichte:
Merian: 9; Pietro Baguzzi, Berlin: 35; Peter Connolly, Berlin: 23, 27; 29; Electa, Berlin: 47; Scala, Museo Pio-Clementino, Vatican: 52

Britanni
Germani
Suebi
Sugambri
Usipetes
Tencteri
Ubii
Rhenus
Menapii
Eburones
Mosa
Atuatuci
Treveri
Nervii
Sabis
Morini
Itius
Belgae
Ambiani
Bellovaci
Suessiones
Remi
Matrona
Sequana
Parisii
Senones
Carnutes
Liger
Cenabum
Leuci
Lingones
Alesia
Mategobriga
Bibracte
Cavillonum
Haedui
Boi
Arar
Dubis
Vesontio
Sequani
Rauraci
Helvetii
Tulingi
Latobrigi
Danuvius
Harudes
Genava
Lacus Lemannus
Ambarri
Segusiavi
Matisco
Allobroges
Alpes Montes
Vercellae
Gallia
cisalpina
Aquileia
Gallia Narbonensis
Rhodanus
Helvii
Cebenna Mons
Arelate
Aquae Sextiae
Narbo
Arverni
Gergovia
Avaricum
Ruteni
Cadurci
Tolosa
Tolosates
Lemovices
Celtae
Turones
Andes
Aulerci
Unelli
Redones
Osismi
Veneti
Pictones
Santones
Bituriges
Garunna
Aquitani
Pyrenaei Montes
Oceanus
100
200
300
400
500